동해 인문학을 위하여

김남일 외 지음

1판 1쇄 발행 | 2020. 12. 21.

발행처 | Human & Books
발행인 | 하응백
출판등록 | 2002년 6월 5일 제2002-113호
서울특별시 종로구 삼일대로 457 1409호(경운동, 수운회관)
기획 홍보부 | 02-6327-3535, 편집부 | 02-6327-3537, 팩시밀리 | 02-6327-5353
이메일 | hbooks@empas.com

ISBN 978-89-6078-729-2 03300

동해 인문학을 위하여

글 김남일 외

Human & Books

차례

동해 인문학의 현장과 응용

왜 '동해 인문학'인가

1905년 동해에서는 러시아와 일본 사이의 해전이 벌어졌다. 아프리카를 돌아 먼바다를 항해했던 러시아의 발틱함대는 미리 준비하고 기다린 일본함대의 적수가 되지 못했다. 러시아의 순양함 돈스코이호는 일본함대에 쫓기다 울릉도 저동 앞바다에서 자폭하여 침몰했다. 동북아시아의 패권을 장악하기 위해 두 나라는 동해에서 사생결단의 해전을 벌였고, 승리한 일본은 동북아시아의 패권자가 되었다. 불과 100년 전쯤에 일어났던 사건이다.

이보다 7, 8년 앞서 일본은 자국(自國)의 지도에 처음으로 동해를 일본해(日本海)라 표기했다. 그전에 일본은 동해를 조선해라 생각하고 살았을 뿐 동해의 명칭에 대한 별다른 인식이 없었다. 조선에 대한 침탈과 동북아시아의 패권을 의식하면서 동해를 일본해로 고쳐 불렀다. 일본해라는 지리적 용어 자체에 제국주의적 침략 야욕이 들어있다고 아니할 수 없는 대목이다.

한민족은 동해라는 명칭을 약 2천년 전부터 사용했다. 우리 민족의 터전 동쪽에 있는 큰 바다이니 당연히 동해라 불렀다.(『삼국사기』 고구려 본기 동명성왕편에 "동해(東海) 가에 가섭원이란 곳이 있으니 토양이 기름지고 오곡이 알맞으니 도읍할 만하다"고 하여 해부루가 도읍을 옮기고 동부여라 했다는 기록이 나온다.)

동부여가 가섭원에 도읍을 정하기 훨씬 전인 선사시대부터 동해는 한반도에 살던 사람의 주된 활동 무대였다. 이는 울산 반구대 암각화가 증명하고 있다. 우리의 선조들은 나무배를 타고 고래를 잡으면서 강인한 해양력을 과시했던 것이다.

한편 20세기 초반 힘이 강해진 일본은 동해의 명칭을 빼앗아가고 현재까지도 동해 한복판에 있는 독도를 자기네 땅이라고 우기고 있다. 일본이 이렇게 하는 근본적인 이유는 동해라는 지역의 가치가 20세기 이후 국제적으로 그만큼 높아졌기 때문이다. 향후 동해를 둘러싸고 군사, 산업, 문화, 관광 등의 여러 영역에서 한국, 일본, 미국, 중국, 러시아의 각축전이 치열하게 전개될 것이다.

대한민국은 그 속에서 반드시 중심추 역할을 해내야 한다. 그것이 우리 시대 한국인에게 주어진 사명이다. 1세기 전에 그랬던 것처럼 동해라는 명칭을 빼앗겨서도 안 된다. 그것은 우리의 주권과도 관계될 수도 있음을 우리는 지난 세기 침탈의 역사에서 뼈저리게 배웠기 때문이다.

우리가 우리의 바다 동해를 지켜내 동북아시아에서 번영의 장으로 만들어내기 위해서는 먼저 동해를 문화적으로 이해해야 한다. 동해에 대한 자연과학적 지식과 더불어 인문적 지식을 축적하여, 동해와 인간과의 관계사를 정립하여야 한다. 그 관계사는 역사, 문학, 미술, 음악, 민속, 환경, 관광 등 여러 분야로 분화될 것이지만, 그 여럿을 모두 종합하여 '동해 인문학'이라 명명할 수 있다. 이는 경상북도, 강원도, 그리고 북한과 일본, 러시아와 함께 해양문화 공동체를 이루어 왔던 환동해 해양문화의 정체성을 찾아내 이를 '동해 헤리티지(Heritage)'로 체계화하여 기록·보존·전승하는 일이기도 하다. 이를 통해 어느 한 나라의 소유가 아닌 평화적 공존의 바다를 모색하는 일이기도 하다.

동해 인문학은 이제 출발 선상에 있다. 앞으로 동해 인문학의 전개는 가칭 '동해 인문학센터'가 컨트롤 타워가 될 것이지만, 그보다도 먼저 동해 인문학의 취지에 찬동하면서 각 전문 필더에서 활약하고 있는 여러 학자, 연구자가 '동해 인문학'의 나아갈 방향에 대해 여러 의견을 개진했다.

'동해 인문학'에 대한 정의는 '동해와 인간과의 인문학적 관계사'로 정립하더라도 각 분야에서 어떤 방법과 방향으로 각각의 학문적 영역을 발전시킬 것인가에 대해서는 각 분야 전문가의 이야기를 듣지 않을 수 없다.

영남대학교의 박성용 교수는 '동해 인류학'의 가능성을 타진하면서 그 선례로 '지중해 인류학'을 들었다. 전국립민속박물관 천진기 관장은 '경북 동해권의 미역 인문학'에 대해 논지를 전개했다. 이는 경북의 전통적인 떼배 미역채취작업이 마을의 공동체적 문화와 어떤 연관이 있는가를 민속학적으로 풀어주는 글이어서 상당히 주목된다. 울릉과 울진의 '돌곽 떼베채취어업'이 국가어업유산 및 세계중요농업유산(GIAHS) 등재의 이론적 토대라 할 수 있을 것이다. 문학평론가 하응백 박사의 '동해 문학 연구의 방향'과 백남주 큐레이터의 '옛 그림 속의 경상북도 동해'는 직접 필드에서 바라본 경북 동해를 배경으로 한 문학과 미술에 대한 이야기다.

허영란 울산대 교수는 일본의 침탈로 인한 동해의 역사를 복원하고 새로운 서사로 나아갈 방법을 실증적으로 제시하고 있다. 사료의 현장 조사, 개인과 공동체의 현대적 변화에 대한 아카이빙, 지역주민이 참여하는 동해 인문학 담론의 구성 등은 구체적인 담론이라 할 것이다. 윤재운 대구대 교수는 앞으로 해양교류사를 연구할 때 어떤 과제가 있는지를 제시해 주었다. 이는 동해 인문학의 중요한 과제라 할 수 있는 대목이다. 독도재단 김수희 박사는 '수산역사로 본 동해어업'이라는 원고에서 주로 멸치잡이 어업을 통해서 우리 수산어업의 역사를 명료하게 제시했다. 김유식 제주박물관장은 인문학적 관점에서 환동해 문화재를 어떻게 활용해서 브랜드화할 것인가 하는 실질적인 문제를 제시했고, 문화전문가인 이상준 선생은 우암 송시열이나 다산 정약용과 같이 동해안 여러 마을에 유배 온 관료들의 기록을 통해 유배문화의 한 편린을 추적했다.

섬연구소 강제윤 소장은 동해안 음식을 역사적인 관점을 동원하여 재해석했고, 포항지역학연구회 이재원 원장은 해맞이 혹은 해돋이에 대한 여러 문화적 사건의 역사적 의미를 짚었다. 김창일 국립민속박물관 학예연구사는 '동해와 해녀'에서 제주 출항 해녀의 동해 정착의 역사를 추적한다. 이는 앞으로 미역과 해녀의 연관성 등으로 확장될 주제이기도 하다. 부경대학교 김진구 교수는 동해의 해양 생물의 종다양성과 동해 해양 생태계 보전방안에 대해 논의했다. 울릉도·독도해양연구기지 김윤배 대장은 '해양과학과 동해'에서 과학적 테이터 처리를 통해 과학과 인문학의 통섭 가능성을 타진했고, 광주전남연구원의 김준 박사는 동해 마을의 특성에 입각하여 지속가능한 마을 공동체의 모델을 인문학적으로 논의했다. 고려대 김인현 교수는 축산항의 역사를 통해 어떤 방법으로 축산항의 미래를 위해 기여할 것인가를 구체적인 예를 통해 보여주었다. 마지막으로 필자는 역사적·문화적·현실적으로 지금 2020년에 왜 동해 인문학이 필요한 것인가 하는 점을 '미완의 꿈, 문무대왕의 동해구(東海口)'라는 글을 통해 밝혔다. 이는 문무대왕의 미완의 꿈을 이루자는 희망의 글이기도 하다.

'동해 인문학'의 여러 분야 전문가의 글이 모여, '실체적인 동해 인문학'이 이 책을 통해 한 걸음 나아가게 되었다. 그리하여 '동해 인문학'은 통일시대에 북한과 러시아와 일본 등 환동해안 국가들의 평화와 번영을 위한 매개체가 되었으면 좋겠다. 그 준비를 지금부터 하여야 한다. '동해 인문학'은 이제 시작이다.

경상북도 환동해지역본부장 **김남일**

1부
동해 인문학의 이론과 시론

동해 인류학의 연구방향
- 동해 세계의 공간성을 이해하기 위한 시론

박성용(영남대 문화인류학과 교수)

1. 동해 인류학이란?

19세기 중후반부터 오늘에 이르기까지 동해와 이를 둘러싼 세계는 식민주의 역사가 점철된 곳이자 자본주의와 공산주의가 공존하는 가운데 정치적 대립이 이어지고 있는 장(場)이다. 또한 동해 지역은 국제적 물류유통과 교역에서 전략적 동반자 관계를 맺은 연안국가의 경제적 광역권이기도 하다. 인류학적 시각에서 이러한 세계에서 살아가는 사람들이 그들의 공간을 사회·문화적으로 구성한 제 양상에 대해 접근하는 것은 지역의 역동적인 문화정치적 논리를 이해하는 데 설득력을 부여할 수 있는 새로운 방법론적 모색이 될 수 있다. 특히 지방적·국지적·세계적인 현실들이 긴밀하게 연결된 세계화 시대에 사회·문화적 맥락에서 동해와 주변 국가의 지역, 그리고 울릉도와 독도의 공간성에 대한 동해 인류학적 연구를 하기 위한 작업은 이 바다를 통해 구축된 세계의 문화적 정체성이 지정학적으로 분획·절합·통합된 양상을 이해하는데 필요한 단초를 제공할 수 있다.

지금까지 세계 인류학자들은 '지중해 인류학'이란 명칭을 사용하고 있지만(Boissevain 1979; Albera, Block, and Bromberger 2001) 어디에서도 '동해 인류학'이라고 지칭한 적은 없다. 왜 그럴까? 그들은 지중해 인류학의 존재가치를 규명하는 과정에서 지중해 지역은 역사적으로 구성된 단위(historically-constituted unit)로서 사회·문화적 유사성과 상이성에 대한 체계적 비교가 가능하다는 주장을 근거로 그 입지를 정당화 한다(Bromberger and Durand 2001: 733-748). 이는 브로델(Braudel 1966; 1979)과 같은 역사학자가 지중해는 장·단기적 시간과 중범위적 시간을 거치면서 이 바다를 중심으로 한 여러 국가들이 상품경제의 확대와 충격, 국가 내부와 외부의 지역변화·시장확대 현상, 인간의 경제교환 등을 통한 동질적·이질적 문명이 누적적 축적 과정을 거치는 가운데 지중해 문명이 형성되었다고 주장한 데서도 찾아볼 수 있다.

지중해에 관한 서구의 인류학자나 역사학자의 연구 성과에 비추어 보면 한국의 인류학의 경우, 동해에 관한 연구 역사가 짧고 이를 둘러싼 문명사에 대한 연구자들의 방법론이 심화 확대되지도 못한 것처럼 보인다. 그리고 동해나 그 연안 국가별 지역의 공간성을 문화적 맥락에서 연구한다는 것은 때 이른 감이 든다고 생각할지 모른다. 하지만 이러한 생각에 대해서는 새롭게 성찰해 볼 필요가 있다. 한국 인류학자가 지중해를 연구한 유럽 인류학자의 연구방법에 대해 비판적 검토를 하면서 섬과 바다, 해외지역에 대한 민족지적 조사와 연구를 시작하는 것은 그 의미가 있다고 생각된다. 동해를 단위로 한 세계를 인류학적 실험의 장으로서 이 지역 사람이 생산한 사회·문화에 관한 비교연구의 방향을 탐색해보는 것은 새로운 지적 지평과 연구영역을 모색하는데 기여할 수 있기 때문이다.

그렇다면 동해 인류학이란 무엇이며 그 연구대상에 대해 어떻게 이해할 것인가? 먼저 동해 인류학의 존재론적 가치에 대한 깊은 논의보다 연구대상을 어떻게 이해할 것이냐를 생각해보자. 동해 인류학의 학문적 정체성에 대한 논의가 전무한 가운데 이를 논한다는 것은 매우 어려운 작업이다. 그리고 이는 오랜 기간 많은 연구자가 이룬 성과가 축적되어야 가능하리라 본다. 그리하여 본 연구는 전략적으로 그 명명의 적실성과 연구방향, 그리고 현실에의 적용 가능성에 한정해서 살펴보려고 한다.

첫째, 동해 지역의 문화·사회와 공간 사이의 관계에 관한 연구를 지향하는 동해 인류학이란 아주 포괄적인 의미를 가진다. 따라서 동해 인류학이란 이름으로 시도될 본 연구는 사회·문화적 맥락에서 동해와 국외의 지역, 울릉도·독도의 공간성을 비교하고 그 상이성과 유사성을 해석하는 방향으로 진행되어야 한다는 것이다. 구체적으로 말하면 그 것은 지역민의 언어·사고방식·사회조직·생물학적 특성·사물 등이 공간적으로 구성된 논리를 규명하고 이를 비교하여 보편적인 앎으로 나아가는 인류학이라고 할 수 있다.

둘째, 동해 세계를 대상으로 한 인류학을 정립하기 위해서는 동해와 동해지역, 그리고 독도·울릉도라는 공간단위별로 단일한 문화요소에 관해 분석할 것이 아니라 적어도 사회·문화적 맥락에서 동해 사회가 갖는 제 특성에 대한 이해가 필요하다. 특히 경계 지워진 영토를 넘어서 역사적 구성물로서의 지역이 사회·문화적으로 의장되어 드러난 공간성에 관해 설명해봄으로써 동해문화와 제 사회의 정체성을 드러내 줄 수 있을 것이기 때문이다. 이를 이해하기 위해서는 부여된 역사가 공간에 미친 영향과 지역민의 문화적 실천, 국가 권력이 작동하는 사회적 세계에 대한 총체적 접근을 행해야 할 것이다.

셋째, 동해 인류학이란 용어를 국제적 현실에 적용하는데 적합한가에 대한 검토가 요구된다. 동해와 동해를 둘러싼 세계의 공간성을 문화적 맥락에서 접근하려는 인류학자는 이에 대한 역사적 문제를 생각하지 않을 수 없다. 동해 인류학이 성립되기 위해서는 동해라는 바다 이름을 사용하는 것이 가능하냐는 질문에 먼저 답할 필요가 있다. 이는 동해와 일본해라는 명칭에 대해 한국과 일본이 상이한 인식을 하고 있기 때문이다. 특히 최근 동해와 일본해의 병기 문제로 양국 사이에 정치적 갈등이 야기되고 있는 양상은 동해 인류학이란 명칭을 부여하는 데 고려해야 할 사항이다. 연안 국가의 인류학자들이 민족지적 연구대상으로서 동해라는 명칭을 사용하는 데 거부감을 가질지도 모른다. 중요한 점은 "동해라는 명칭이 변화된 것은 식민주의 시대 해양공간에 대한 지식체계가 변화함으로써 야기된 결과"(Park Song-Yong 2014)라는 것이다. 동해를 일본해로 다르게 불린 것은 해양공간에 대한 식민주의적 강점을 행하는 과정에서 비롯된 것이다. 20세기 초반까지 양국 사이에 사용하던 동해 혹은 조선해란 지명이 1929년 국제수로기구에 일본이 일본해로 공칭 변경함으로써 이루어진 것이다. 따라서 식민주의적 지식체계를 근간으로 명명된 일본해란 바다 이름 아래서 동해 세계를 해석해야 할 이유는 없다. 동해라는 바다 명칭은 최근에 등장한 것이 아니라 긴 세월 동안 이를 둘러싼 다국가 지역민들이 장기지속적 시간 속에서 문화를 교류하면서 지역문화의 다양성과 변이성을 생산한 해양공간으로 지칭되어 왔음을 주지할 필요가 있다.

이러한 점들을 감안하면 동해 인류학은 하나의 국가에 속한 소규모 장소를 연구단위로 하기보다 이보다 더 넓은 지역적·국지적·세계적 차원에서 '인류학적 연구대상으로서의 동해'라는 시각에 따라 복잡하게 얽힌 문화정치적 다양성과 변이성을 이해하기 위한 비교연구로 나아갈 필요가 있음을 시사한다. 이러한 연구가 이루어진다면 동해와 관련된 주위 국가들 사이에 존재하는 복잡한 제 관계에서 형성된 문화정치적 연속과 불연속 양상에 대한 해석과 통찰력을 심화·확대하는 데 기여할 수 있을 것이다.

2. 사회·문화적 맥락에서의 공간성에 관한 비교연구

동해 지역에 관한 학제적 연구는 10여 년 전부터 시도된 몇몇 국제학술회에서 제 학자들이 제시한 논문에서 찾아볼 수 있다. 문화인류학·지리학·역사학·해양학 분야의 학자들이 국제학술회의를 공동으로 개최하면서 이에 대한 논의를 한 바 있다. 2010년부터 2017년 사이에 열린 '울릉군 국제학술회의'(울릉군과 울릉문화원 2010, 2013, 2014, 2015, 2016, 2017)와 2014년 일본 오사카 민족학박물관에서 열린 '동북아시아 국경에 대한 심포지엄'(National Museum of Ethnology, 2014)과 그 연구 결과물(Konagaya and Shaglanova 2016) 등을 그 예로 들 수 있다. 이러한 학술회의와 그 연구내용에서 공통되게 드러난 점은 동해와 주위의 제 국가, 그리고 울릉도·독도의 사회구조적·생태적·문화적 변별성을 포괄적으로 관련지어 연구할 필요가 있다는 것이다.

특히 학술회의에서 제시된 논문에서 필자가 주목한 점은 사회·문화적 맥락에서 공간성이 구성된 양상이었다. 즉 동해라는 바다는 단순히 물리적인 해양공간이 아니라 긴 역사를 거치면서 인접 국가나 지역민이 상이한 문화나 이데올로기로 구축된 국지적 정체성을 정치적으로 실천하는 사회적 세계라는 것이다. 그 밖의 여러 가지 논제에 대해서는 각기 다른 학문 분야에서 연구한 것이라 그 내용을 간추려 설명하기는 어렵지만 동해 인류학의 기본구상을 좀 더 가다듬기 위해 세 가

포항 곤륜산(崑崙山) 소재 영일칠포리암각화 (출처: 문화재청)

지 공간성 즉, 역사성과 '영토적 장소성'(Feuchtwang, 2004), 그리고 포괄적 관계성의 맥락에서 보완할 점을 살펴보기로 한다.

첫째, 동해와 관련한 모든 사회에는 선형적·비선형적 역사가 어느 한 편으로 단일하게 이행하는 것이 아니라 지역적·국지적·국제적 관계에서 작동하는 힘들이 역사적 과정에서 서로 충돌하거나 다른 방향으로 끌어당김으로써 상이한 문화적·사회적 공간이 형성되었다. 이러한 사실은 연구단위별로 전개된 장기지속적, 중범위적, 단기적 역사에서 사회주체가 독자적으로 공간성을 창출하는 행동과 다원적 차원의 문화정치적 실천이 어떻게 관련되는지를 파악하기 위한 인류학적 관점이 마련될 필요가 있음을 시사한다.

둘째, 사회구성원들은 문화와 사회적 관계, 그리고 공간적 관계(장소, 경관, 생활공간, 영토, 해양환경)를 연결하는 문화적·제도적 실천을 하는 과정에서 사회적 공간을 구성한다. 국내외 지역이나 섬과 같은 사회적 공간에 관해 개인이나 집단이 사회적·상징적·공간적 전유나 점유, 그리고 지배권을 행사할 경우 영토적 장소성을 구성하게 된다. 동해 세계에 관한 인류학적 연구는 각 사회별 영토적 장소성에 대한 접근과 깊은 관계를 맺을 수밖에 없다. 이를 통한 인류학적 연구 방향과 과제를 논의해야 한다.

셋째, 동해를 둘러싼 제 국가의 지역민이 공간과 문화에 대한 사회구조적 차원, 실천적 차원에서 행한 문화정치적, 경제적 선택과 결정은 다양한 스케일 상에서 그 공간 형태가 구성되는 데 영향을 준다. 예컨대 인류학자가 관심을 가진 해외지역의 마을·지역·구역·거주영역·생활공간 등만 하더라도 이 단위들은 독자적으로 존재하는 것이 아니라 역사적 과정에서 집단적 혹은 상황별로 위치 지어진 맥락에 따라 더 넓은 사회와 상호작용을 하면서 타협·경합한 사회적 과정을 반영한 경우이다. 이러한 예를 보면 지역의 공간과 사회·문화를 관련지어 이해하려는 시도는 단일한 어느 한 가지 스케일에 대한 이해로만 이루어질 수 없다. 각 스케일의 단위는 그보다 더 다양하고 넓은 스케일에 의해 영향을 받는다는 점을 상기할 필요가 있다. 즉 마을과 지역, 지역과 지역, 지방과 국가, 지역과 세계사회는 서로 역동적 상호작용과 관계 속에서 존재한다고 할 수 있다. 집-마을-구역-도시-지역-국가-대륙-범지구 등의 다양한 스케일로 확대되며 이는 중심부와 주변부의 관계에 따라 위계적 공간구조를 형성한다(Lefebvre 1984). 여기에는 발전된 자본주의 사회의 중요한 교환수단인 화폐와 정보가 갖는 교환 및 사용 가치의 차이에 의해 높고 낮은 사회계급의 위계화가 발생한다. 그리하여 어떠한 단일한 사회적 공간(집·마을·거주구역·지역·경관)이라도 이보다 더 큰 척도의 공간형태와 상호관계 속에서 위계적 배열 내지 포괄적 관계를 맺는다고 할 수 있다. 제 공간적 형태들은 서로 병치·복합·분화된 사회적 세계 속에 존재하면서도 상호 조건적으로 서로 영향을 줄 수 있다는 점에서 포괄적 관계성이 존재한다. 따라서 동해와 연안국가의 지역, 그리고 울릉도·독도의 공간성을 이해하기 위한 인류학적 연구에서는 국내외의 다양한 스케일 상 그 공간적 형태가 위계적으로 배열되거나 수평적으로 상호영향을 주는 양상과 더불어 연구단위와 국지적·세계적 차원의 역사와 정치적 상황, 그리고 사회구성원의 사회·문화적 실천방식 등을 관련지어 개별 공간의 동질성과 이질성을 깊이 있게 다루어져야 한다.

3. 바다·지역·섬에 관한 민족지적 연구

앞에서 필자는 동해 세계의 공간적 성질을 이해하기 위해서는 역사성, 영토적 장소성, 그리고 포괄적 관계성의 개념을 통해 접근하는 것이 긴요한 과제라고 했다. 공간성은 생활공간, 문화경관, 환경, 사회적 공간, 영토 등이 존재하는 공간적 형태를 규정하는 속성이다. 다양한 공간적 형태는 이 개념을 통해 이해할 수 있고 동시에 그것 속에 내재하고 있다. 그리하여 공간형태와 공간성은 바다와 지역·섬에서 삶을 영위하는 개인과 집단의 사회·문화적 실천을 통해 구성된 특성과 양상을 나타내주고 있어서 민족지적 연구의 대상이 될 수 있다. 이에 대한 탐구를 위해 민족지 학자는 동해와 연안지역·독도·울릉도가 지역적·국지적·범 지구적 차원에서 문화정치적·생태적·역사적 요소들로 상관연계된 공간성에 대한 글쓰기와 읽기에 유의해야 한다. 특히 지역적·국지적·세계적 차원에서 구성된 공간성을 사회·문화적 맥락에서 비교하여 인간·문화·사회·공간의 제 관계에 대한 지역적·국지적·범지구적 지식을 도출할 필요가 있다. 이 같은 맥락에서 민족지적 연구를 할 경우 다루어질 내용은 아래와 같다.

① 동해
동해에 관한 민족지적 연구는 크게 개별 국가의 지역민이 생활공간을 토대로 그들이 인식하고 실천해온 방식에 대한 자료수집과 글쓰기로부터 시작된다. 그 구체적인 내용을 보자면 첫째, 선사시대부터 현재에 이르기까지 문화교류, 해상교역 및 이동공간으로서 동해에 대한 것이다. 동해를 물리적 공간의 차원에서 보면 해수로 채워진 내해로서 한류와 난류가 교류하는 공간이다. 하지만 이 바다를 역사·문화적 구성의 맥락에서 보면 해상교통을 통해 문명이 이동하는 공간이자 세계 지역민들이 서로 관계망을 맺은 사회적 공간이기도 하다. 예컨대 선사시대(죠몽시대, 한국의 경우 무문토기시대)의 대마도에는 러시아 연해주·한국 동남부·규슈 서북부일대의 선사 어로문화가 영향을 주었을 뿐만 아니라 연승어법의 경우에도 발해만지역의 영향이 있었다는 점(타와라 겐지 2015: 196), 고대 고구려·발해가 사신선을 일본에 보낼 때 동해를 해상교통로로 활용한 사례(정진술 2015: 137-156), 근대에 이르러 동해가 울릉도로 오가는 거문도 어민들의 생활무대라는 사실(전경수·이수광 2010: 923) 등을 들 수 있다. 이러한 역사민족지적 정보는 선사시대부터 현재에 이르기까지 이 바다를 중심으로 한 한국·북한·중국·러시아 사이에 이루어진 교역활동과 이주민과 표착민의 이동·표류과정, 지역민의 문화적 특성 등에 대해 종합적으로 기술하는 것이 중요함을 보여준다. 이러한 연구에 덧붙인다면 각 시기별로 "해류를 따라서 이루어진 문화이동"(김택규 1985: 452)과 그 적층현상, 그리고 오랜 기간 동안 제 국가 사이에 이루어진 생활문화와 사회관계, 해상무역 등에서 어떠한 지속적인 흐름이 있었는지도 조사되어야 할 것이다. 다만 인류학자 자신이 연구하는 대상과 분석방법·조사지의 규모 등에 따라 선택하는 시·공간적 스케일은 상이할 수 있다.

둘째, 각국의 고지도와 문헌에 나타난 동해 명칭에 대한 자료를 발굴하고 국가마다 이를 근간으로 행하는 문화정치적 전략을 분석해야 할 것이다. 이에 대한 국가적 차원에서의 대응이 필요하다. 무엇보다

영국 국립도서관(British Library), 케임브리지대학 도서관(Library of the University of Cambridge), 프랑스 국립문서보존소(Archives Nationales de France), 미국 의회도서관(United States Library of Congress), 일본 오사카대학 등에서 소장하고 있는 고지도와 지지, 관련 문헌에 대한 학제적 연구가 긴요하다. 각 시대별로 동해·조선해·한해 등으로 명명된 고지도와 문헌, 그리고 동해가 일본해로 그 명칭이 변경된 것을 보여주는 자료에 대한 역사인류학적 연구와 문화지도학적 연구를 병행하면서 지명분류체계와 관련된 "고유지명(endonym)과 외래지명(exonym) 간의 괴리현상"(동해연구회 2013)에 대한 지식체계의 변화과정을 추적 조사할 필요가 있다.

셋째, 오늘날 동해를 둘러싼 각국은 해상을 통한 정치적·경제적 목적을 달성하기 위한 전략을 치열하게 전개하고 있다. 특히 1982년 해양법에 관한 국제연합 협약(1982 United Nations Convention on the Law of the Sea)에서 경제수역이 제정된 이후 동해를 둘러싼 국가들 사이에는 영해와 인접수역, 대륙붕 수역, 해저지명 명명 등에 많은 문제가 야기되고 있다. 또한 해양자원보호의 문제, 해상오염문제, 해양플라스틱문제, 다양한 생물학적 자원과 문화유산의 보호와 합리적 사용문제, '동해의 해류 순환주기'(곽정근·강창근 2014), 후쿠시마 방사능 오염수 방류 등에 대한 국제적 관심이 점증하고 있다. 해상·해저 공간의 전유는 해상세력의 확대과정과 관련한다. 이러한 제 문제에 대해 인류학자가 어떠한 연구를 하여 인접학문의 제 학자와 함께 바다의 공간성에 대한 이해를 공유할 수 있는지도 고민해 보아야 할 것이다.

② 지역

동해에 관해 인류학적으로 연구하기 위한 또 다른 단위는 '지역'(area)이다. 일반적으로 지역이란 사회·문화적 특징이나 지리적 공간 혹은 환경적 특징에 의해 구별되는 공간이라 할 수 있다. 예를 들어 산악지역, 평야지역, 도시지역 등과 같이 구분하는 것이다. 하지만 이러한 지리적 공간으로서의 지역도 그것이 갖는 물리적 특성과 더불어서 역사, 그리고 지역민의 문화 등이 관련되면서 다른 지역과 동질성과 이질성을 근간으로 구분되는 장소가 존재한다.

문화인류학적 연구에서는 지역을 해외 국가의 문화적 동질성과 이질성을 기준으로 구분한다. 예컨대 동북아시아, 동남아시아. 지중해 유럽 등과 같은 분류이다. 그러나 이러한 지역 구분에서도 고려할 점이 있다. 실제로 문화인류학자들이 주로 다루는 지역연구에서의 지역은 여러 국가를 무리 지어 이룬 어느 영역을 뜻하기도 하고 한 국가 내의 지역·구역·마을, 혹은 포구와 항구, 소수민족 거주지, 자치구 등의 스케일에서 구성원의 문화적 유사성이나 사회적 상호작용 밀집도가 높은 공간적 단위를 의미하기도 한다. 이러한 지역의 구분은 사회·문화적 맥락에서 연구자가 갖는 시각과 대상을 설명하기 위한 패러다임에 따라 다를 수도 있다.

장소에 관해 비교연구를 하기 위해서는 기존의 지역구분에서 뜻하는 국외나 국가 내의 지역을 관련 지우면서 역사적, 사회구조적, 실천적 차원에서 공간과 문화의 관계와 구성요소를 명증하게 해야 할 뿐만 아니라 이를 구성하는 영역들이 어떻게 연결되는지를 분석할 필요가 있다. 이는 자연환경과 사회적 세계에 관련된 사람들이 문화적 변별성을 창출하는 양상을 이해하는 데 중요하기 때문이다.

동해와 관련된 국가를 문화권역별로 이해하거나 한 지역의 문화 유형을 도출하려는 문화인류학적 시도가 당연시되는 것은 아니다. 오히려 그것이 어떻게 역동적 역사과정과 인간의 주체적 행동을 통해 구성되었는지 연구해야 하며, 그로 인해 상이하게 변화해가는 변이성과 각각의 영향관계가 서로 합해져서 형성된 복합성이 공존하는 양상을 연구해야 한다는 것이 필자의 입장이다. 이를 구체화하기 위한 작업은 크게 세 가지 차원에서 이루어진다.

첫째, 연안 국가의 개별화된 지역에서 구성된 사회적 공간에 대한 조사·연구이다. 이를 위해 지역 내에서의 근린관계, 계급의식에 따른 구별된 장소경계, 감시의 공간, 젠더별 장소, 사회계급별 구별짓기로 인해 경계지어진 거주영역, 다종다양하게 배열·분화된 도시구역에 대한 조사·연구가 요구된다.

1970년 기성마을 동사에서의 별신굿 (울진 기성리, 1970년)

둘째, 문화접촉을 통해 형성된 역동성 문제에 대한 조사·연구이다. 특히 19세기 중후반부터 오늘에 이르기까지 동북아시아의 급변한 정치적 상황은 월경(越境)하는 이주민들을 증가시키게 되었고, 이로 인해 그들은 기존의 삶의 터전으로부터 구획되고 분화·괴리되어왔다. 이를 위해 접경지역의 소수민족들에 대한 연구가 필요하다. 예컨대 중국의 동북 삼성, 즉 "길림성, 요녕성, 헤이룽장성의 조선족과, 러시아 사할린과 연해주의 한인동포와 지역민의 생활문화에 대한 연구"(국립민속박물관 1996, 1997, 1998, 2001; 박현귀 2009, 2018)에서처럼 그들의 문화가 현지의 문화와 상호복합하면서 야기된 이질성과 지역의 공간적 특성을 살펴보는 경우이다. 지역에 대한 이 같은 민족지적 연구는 국지적 세계 속에서 거주민들이 공간적으로 분획·경합·통합되는 양상이 그들의 문화적 상이성에 대한 국가·지역사회의 정치적 행동과

양반과 서울애기의 맞춤 (영덕 대진리, 2006년 12월 3일)

제도적 실천과 관련하여 발생하는 과정을 이해하는 데 도움을 줄 수 있다.

셋째, 접경지역의 사람과 사회·문화에 대한 조사·연구이다. 중국의 훈춘(琿春), 러시아의 자로비노(Zarubino) 등지의 기업이나 작업장에서의 사회적 관계와 공간분화, 대도시 속에서 구획된 소수민족 거주지나 이산 종족들의 거주영역, 기억화된 공간, 경계화 내지 탈경계화된 종족집단, 문화적 취향을 표상하는 스포츠 경기, 인터넷을 통한 탈공존적 연망, 사회계급화된 출입제한 주택지(gated community) 등에 대한 민족지적 조사가 요구된다. 이때 한정된 사회·문화적 사실 그 자체에 대해서만 민족지적 글쓰기를 할 것이 아니라 지역 간의 문화적 교류나 상호 영향관계를 통해 이루어진 문화적 동질성과 지역 자체의 문화적 구성과정에서 이루어진 이질성에 대한 관심이 요구된다.

접경지 민족지는 국경을 넘어서 횡단한 문화가 절합·통합·괴리·갈등·분화되었는지에 관심을 둠으로써 거시적인 것 속에 미시적인 것과 미시적인 것 속에 거시적인 것이 지역차원에서 상호 구성된 양상을 밝히는 데 도움을 줄 수 있다. 즉 미시적 차원과 거시적 차원의 상보적 접근이 필요함을 시사한다. 미시적 차원에서 연안국가 지역민의 생활문화가 긴 세월 동안 각 공간에서 형성된 과정은 국지성과 세계화 과정이 개입된 거시적 차원의 문화정치적 움직임과 무관하지 않다는 점을 상기하는 것이 중요하다. 이러한 미시적·거시적 접근과 더불어서 한 지역의 사회조직, 언어, 물질문화, 종교와 믿음체계, 경제·정치체계, 환경인식 방식 등에 대한 맥락화된 비교를 하여 보편적 사회·문화적 논리를 제시할 때 문화인류학적 연구가 갖는 장점을 드러낼 수 있을 것이다.

③ 독도와 울릉도

동해를 연구할 때 주된 연구대상 중 하나는 독도와 울릉도로서 두 섬은 복합적인 도서성(islandnes)을 표상한다. 그 도서성은 주민이나 지역민 혹은 외부인들이 생태환경적·정치적·문화적 차원에서 구성한 특징으로서 국가적·국지적·국제적 관계가 상호영향을 주는 가운데 형성되었다. 울릉도의 경우, 고고학적 연구에서 밝혀진 고분의 축조시기를 보면 거의 6세기 중후반부터 10세기에 이른다(국립중앙박물관 2008: 199). 독도에 대한 문헌상의 기록도 15세기 초엽 이전으로 소급될 가능성이 있다. 이는 독도와 울릉도에 대한 연구가 당대에 한해서만 연구될 수 없고 장기지속적 시간 속에서 연구될 필요가 있음을 뜻한다. 특히 문화인류학 분야에서는 다음 세 시기에 대해 주목할 필요가 있다.

먼저 조선왕조 초기부터 19세기 중기까지이다. 이 기간에 연구할 대상은 독도의 지리적 위치에 대한 지리지·사서·고지도와 같은 자료, 안용복이 1693년과 1696년 1·2차 도일시 울릉도-독도-오키도-돗토리로 이동한 교통로, 연안 어촌지역과의 교류관계 등이다.

다음으로 19세기 후반 이후부터 일제 강점기 사이이다. 1882년 울릉도 개척령 선포 전후로 이미 울릉도에 거주하던 선주민과 경북·경남·강원·충북·평북·황해·전남·전북에서 이주한 이들이 삶을 영위하기 위해 구축하였던 생활공간에 대한 것이다. 이 시기에 입도민들은 동학란을 피해 새로운 이상향과 삶의 터전을 찾아 이곳으로 이주하면서 각

울릉 남서동 고분군 (출처: 문화재청)

지역의 문화가 복합되기 시작하였다.

　마지막으로 일제가 한국을 강점하기 시작한 때부터 1945년까지이다. 이 시기 동안 일본의 식민주의적 공간 지배방식은 독도의 경관과 울릉도에 사는 주민의 삶의 방식을 완전히 바꾸어 놓았다. "독도에는 1903년 일본의 식민 기업가인 나카이 요자부로(中井養三郎)가 강치잡이를, 울릉도에는 1904년 이후 공식적으로 일본상인, 목재업자, 어업인, 경찰, 군대 등이 들어와 공간을 지배하면서 식민주의적 상품경제를 토대로 한 공간성을 형성하였다"(박성용 2011; 6-7). 사회·문화적 맥락에서 공간적 특징을 보면 상이한 생업방식의 공존, 지배계급과 피지배계급의 구조화, 이원화된 제의관습 등장(박성용·이기태 1998), 일본식 문화경관의 구축양상(양보경 2014) 등을 들 수 있다. 일본문화의 지배적 양상과 그 식민주의적 담론(박성용 2019)에 대한 심화된 연구가 요구된다. 마지막으로 해방 이후부터 현재까지의 시기이다. 특히 최근 독도·울릉도는 관광, 상업적 활동, 이동통신, 소비 정보와 기술의 확산 등으로 인한 사회·문화적, 공간적 복잡성이 극도로 증대하고 있다. 외딴 섬으로서의 독도·울릉도가 아님은 물론 육지와의 지리적 거리에 대한 심리적 거리의 간극까지 거의 사라지고 있다. 관광산업의 확대에 따른 고속여객선의 연안항해가 가속화되면서 울릉도의 자연·문화경관은 급격하게 변화하고 있다. 앞으로 울릉공항이 건설되면 더욱 이러한 변화는 가속화될 것이다.

지금까지 두 섬에 대한 시기별 연구는 영토문제·생업·환경·문화·관광 분야별로 이루어져 왔다. 그것을 보면 독도와 울릉도는 한국인과 울릉도민 그리고 동해를 둘러싼 국가들이 문화정치적, 생태환경적, 경제적 실천을 하는 과정에서 독특한 도서성을 구성하고 있는 장소임을 알 수 있다. 두 섬은 동해 한가운데 있는 폐쇄적인 섬이 아니라 이보다 더 큰 사회·경제적 정치적 체계에 영향을 받으면서 역동적인 역사적

울릉 나리 너와투막집 전경

변화가 점철된 생활공간이다. 두 섬을 둘러싼 해저 지형, 바람의 종류와 특징, 전통 어로기술, 어로 공간, 별의 위치, 날씨, 해류의 흐름과 종류는 한국 어민들의 인식과 경험, 지식, 민속종교적 믿음과 표상체계, 동식물에 대한 역사적 기억 등과 관련되어 있다. 따라서 이곳은 민족의미론적(ethnosemantic) 분류와 범주, 의미의 속성 등을 살펴볼 수 있는 장이다(박성용 2008).

그런가 하면 이 섬들에 대한 접근은 섬 자체를 넘어서 국가적·초국가적 위치에 자리매김하고 있다는 사실에 입각해야 한다. 지정학적으로 주변적 위치에 있었던 두 섬이 오늘날 아시아 태평양 지역의 정치적 중심에 서 있게 되었다. 두 섬의 도서성이 어떤 형태로 국가와 세계사회의 중심에 직면해 있는지를 연구해야 한다. 정치적 긴장과 갈등의 원천으로서 이해 당사국과 아시아 태평양 지역을 넘어서 어떻게 국제정치의 중심에 서게 되었는지를 이해할 필요가 있다. 독도·울릉도는 국지적 혹은 세계적 차원에서 역사적, 문화적, 정치적 메커니즘이 작용하면서 수역의 경계와 영유권에 대한 문제가 세계사회에 부각되고 있는 지역이다. 나라마다 남부 사할린/북방영토, 독도/ 다케시마, 센카쿠열도/디아오위다오로 상이하게 부르는 각 섬을 연결하면 그 선은 상이한 이념의 세계가 조우·대립하는 전선을 나타낸다. 미시적 차원에서 보면 이러한 섬들에 대한 접근은 별 의미가 없을 것이다. 하지만 거시적 차원에서 보면 동해의 정체성이 국제 정치과정과 긴밀하게 관련되어 있음을 알 수 있다.

이 섬들을 둘러싼 동해지역은 1945년 아시아 태평양 지역에서 2차 세계대전이 종식된 후 국제사회가 섬의 영토귀속을 다루는 과정에서 그 영토지위와 그 반환원칙을 명확하게 규정하지 않아 관련 당사국이 이 문제로 고도의 정치적 긴장관계를 유지하고 있는 세계이다. 남부 사할린과 독도, 그리고 센카쿠열도에 대한 영유권은 잔재된 식민주의 와 탈식민주의, 블록화된 자본주의와 공산주의가 조우하는 전선을 형성하면서 지역갈등을 야기하고 있다. 이런 측면에서 보면 두 섬의 영토적 장소화 방식은 지리적으로 분획된 문화정치적 과정과 그 담론에 나타나는 '공간적 표상'(Trabelsi 2005) 등에 대한 이해가 요구된다.

4. 맺음말

동해 인류학은 동해와 이를 둘러싼 제 국가, 그리고 울릉도·독도를 포괄하는 지역의 공간적 관계와 그 사회·문화적 관계가 상호구성된 현실에 대한 비교 연구를 지향할 필요가 있다. 필자는 그것의 정립을 위해 사회·문화적 맥락에서 그 공간성 이해를 위한 방안을 생각해보았다. 구체적으로 동해 인류학이 나아갈 길을 찾기 위해 역사성, 영토적 장소성, 포괄적 관계성의 분석개념을 제시하고 이를 통해 동해세계의 인간과 사회·문화, 그리고 공간에 대한 종합적인 논의의 가능성을 모색하였다. 논의의 핵심은 다음 네 가지 측면으로 좁혀진다.

첫째, 인류학적 관점에서의 동해연구는 한정된 지역 내에서의 소규모 단위의 사회를 대상으로 하기보다 장기지속적 시간 속에서 동해를 중심축으로 하는 가운데 세계인들이 서로 연결되고 움직여온 사회적 세계에 대한 접근과 깊은 관계를 맺고 있다. 이는 정치·행정적으로 경계 지어진 영토를 넘어서 각 지역의 사람과 문화, 사회, 사물들이 갖는 공간적 다양성을 형성케 한 문화·정치적 추동력에 대한 이해가 중요함을 시사한다. 이러한 시각은 문화적 연속 이면에서 이념적·정치제도적 헤게모니가 작동하면서 발생한 문화적 불연속 현상에 대한 이해를 요구한다. 국가 간의 경계에 의해 영토가 분획되기 전 동해 지역은 나름대로 국지적 차원에서 공유된 문화적 층위가 존재했을 것이나 국가별로 전개된 상이한 역사적 상황에서 사회별 구성주체가 이에 대한 적응 및 대응을 위한 문화적 실천을 행함으로써 공간적 상이성을 창출한 것으로 보인다. 이 같은 동해 사회와 문화가 갖는 상이성에 대한 종합적 해석이 이루어진다면 세계인이 머물고 있는 '한 장소에서 동해 끝까지' 공간적으로 행한 실천행위와 생태 환경적 전략, 각 공간의 스케일별로 생산한 문화적 전통과 세계관, 사회적 구조 등에 대한 인류학적 인식의 정초를 마련하는 데 도움을 줄 것이다.

둘째, 사회·문화적 맥락에서 동해 지역의 공간성을 이해하기 위해서는 시간적·공간적으로 범주화된 대상에 대한 접근이 요구된다. 지역의 문화정치적 복잡성은 현시점에서 선사시대까지 공간별 문화가 국지적·세계적 차원에서 형성된 양상뿐만 아니라 당대의 개인이나 집단이 문화정치적 실천을 통해 그것을 창발해온 방식에 대한 상보적 접근을 해야 할 것이다. 이를 위해서는 바다와 인간·사회·문화·공간을 현시점에서 과거로 소급하여 연구하는 역진적 입장이 고려되어야 한다. 그리고 우리가 동해 세계라고 하였을 때 그 공간적 범주는 동해를 둘러싼 한국과 북한의 동해안, 중국의 동북 3성(길림성, 요녕성, 흑룡강성), 러시아의 극동지역, 일본의 서·북부 해안과 더불어서 북방문화의 이동

과정을 고려한 몽고를 포함하는 지역으로 한정된다. 따라서 이러한 세계의 사회·문화적 변별성에 대한 미시적 접근과 동북아 지역사회에서 이질적인 문화들이 서로 어떻게 상호영향을 주면서 복합되었는지를 밝히는 거시적 접근이 함께 이루어져야 할 것이다.

셋째, 민족지적 연구는 다양한 스케일 간의 관계체계 속에서 단위별 문화와 사회적 관계, 그리고 공간적 관계에 천착할 때 동해 인류학의 존재가치를 더 고양시킬 수 있다. 이를 위해서는 한 국가 단위 속의 섬과 바다·지역이 동해와 국지적 세계 속의 지역, 그리고 세계사회와의 복합다층적 관계 속에서 형성해 가는 언어·종교·구비전승·경제활동·동식물·자연환경에 대한 문화인류학적 이해를 확장하려고 노력해야 할 것이다.

한 가지 주의할 것은 '환동해 문화권'이란 문화권역을 먼저 설정하는 경우이다. 한 국가나 어떠한 지역민, 혹은 그들의 문화에 대한 연구 결과가 그 국가의 전체 문화로 대체되거나 그 문화권 전체의 문명과 사회를 표상하는 경우, 한정된 연구 지역의 사회주체들이 갖는 문화적 유형을 곧 전체 문명권 내지 국가의 문화인 양 그 해석을 과도하게 단순화해버리는 오류를 범할 수 있다. 소규모 미시지역을 대상으로 한 연구에서 도출된 사회·문화적 논리가 그 국가, 혹은 국지적 세계의 문화를 대표하는 것으로 간주되는 경우가 종종 있었던 것은 주지하는 사실이다.

넷째, 동해 세계의 정체성에 관한 인류학적 연구는 동해 지역이나 국지적 차원에서 사람들이 살아가는 생생한 모습에 대한 민족지적 조사에서 출발해야 한다. 그리고 연구단위별 지배적 문화적 현상이 사회·문화적 맥락에서 어떻게 구성되는지를 살펴보고 이를 다른 지역과 비교한 다음 더 큰 스케일과의 관계에서 구성되는 양상을 심도 있게 다루어야 한다. 특히 이 세계에 살아가는 사람들의 다양한 목소리를 기술한 민족지적 자료와 역사적 기록물, 그리고 구승(口承) 자료 등을 근거로 하면서 그 문화적 실상이 공간적으로 분화된 궤적과 요인에 대한 조사가 필요하다. 그들의 지역 문화와 사회·공간의 제 관계를 다원·다층적 차원에서 맥락화된 비교를 하여 공간적 정체성을 규명하는 것이 동해 인류학이 갖는 목표 중의 하나이다. 향후 동해 인류학이 정립된다면 '해양공간으로서의 바다', '문명이 교류하는 바다', '국가의 바다'로서의 공간적 특성을 밝혀냄은 물론, 세계인들이 이 바다와 연관된 개별 지역을 자연의 공간, 문화적 실천의 공간, 사회적 공간으로 중층구축한 양상을 두루 이해하는데 기여할 것으로 본다.

참고문헌

곽정근·강창근, 2014, 「동해의 해양생태학적 고찰」, 울릉군 국제학술회의 발표논문집, pp. 120〜136 .

국립민속박물관, 1996, 『중국 길림성 한인동포의 생활문화』, 서울: 태웅그래픽.

----, 1997, 『중국 요녕성 한인동포의 생활문화』, 서울: 태웅그래픽.

----, 1998, 『중국 흑룡강성 한인동포의 생활문화』, 서울: 우진인쇄.

----, 2001, 『러시아 사할린·연해주 한인동포의 생활문화』, 서울: 기쁨사.

국립중앙박물관, 2008, 『울릉도』.

김택규, 1985, 『한국농경세기의 연구: 농경의례의 문화인류학적 고찰』. 경산: 영남대학교출판부.

동해연구회, 2013, 『바다, 바다 이름, 지중해적 평화』.

박성용, 2008, 『독도·울릉도 사람들의 생활공간과 사회조직 연구』, 서울: 경인문화사.

----, 2011, 「독도·울릉도의 식민지적 공간성에 대한 연구」, 『인류학연구』14:1〜14.

----, 2019, 「동아시아 해양질서 개편과 식민주의적 지명 담론의 구성: 독도·울릉도에 대한 일본의 지명 명명방식」, 독도영유권과 동아시아 해양질서 재편 학술회의 발표논문집, pp. 7〜30.

박성용·이기태, 1998, 「독도·울릉도의 자연환경과 도민의 문화: 독도 어로공간과 울릉도 민속종교」, 『울릉도·독도의 종합적 연구』, 영남대 민족문화연구소, 대구: 신흥인쇄소.

박현귀, 2009, 「러시아 연해주 고려 사람들의 근면과 자립: 비닐 하우스 농사를 중심으로」, 『한국문화인류학』42(1): 81〜110.

----, 2018, 「반 중국정서와 중러 접경도시: 우수리스크, 수이펀허, 훈춘에 관한 민족지적 연구」, 『한국문화인류학』51(2): 125〜167.

양보경, 2014, 「일제강점기 울릉도의 문화경관과 이주민의 주거공간」, 울릉군 국제학술회의 발표논문집, pp. 181〜221.

영남대학교 민족문화연구소, 2005, 『울릉도·동해안 어촌지역의 생활문화연구』, 서울: 경인문화사.

울릉군·울릉문화원, 2010, 울릉군 국제학술회의 발표논문집.

----, 2013, 「동아시아의 산과 바다」, 울릉군 국제학술회의 발표논문집.

----, 2014, 「도서성의 사회·문화적 구성」, 울릉군 국제학술회의 발표논문집.

----, 2015, 「해양교통과 초현대성」, 울릉군 국제학술회의 발표논문집.

----, 2016, 「세계화시대의 도서사회 변화와 그 문화적 재구성」, 울릉군 국제학술회의 발표논문집.

----, 2017, 「세계음식의 사회·문화적 의미구성: 자연유산으로서 울릉도 지역민의 음식과 그 상품화」, 울릉군 국제학술회의 발표논문집.

전경수, 2009, 『울릉도 개척사 테마관광지 조성사업 사회민속조사 학술용역 결과보고서: 학포를 중심으로 한 태하동의 사회인류학적 연구』.

전경수·이수광, 2010, 「울릉도 토속지명에 관한 연구: 거문도와의 관계를 중심으로」, 울릉도국제학술회 발표논문집, pp. 14~35.

정진술, 2015, 「고대 한·일해상교통로」, 울릉군 국제학술회의 발표논문집, pp. 137~158.

타와라 칸지, 2015, 「월경(越境)하는 문화: 한·일해협 연안도서부에 있어 죠몽만기에서 야요이 시대에 이르는 양상」, 울릉도국제학술회 발표논문집, pp. 181~205.

Albera, D., Biock, A., and Bromberger, C., 2001, *L'anthropologie de la Méditerranée*, Paris: Maisonneuve & Larose/ Maison *méditerranéenne* des sciences de l'homme.

Boissevain, J., 1979, *Toward an Anthropology of the Mediterranean, Current Anthropology* 20: 81~93.

Bromberger, C., and Durand, J-Y., 2001, Faut-il jeter la Méditerranée avec l'eau du bain?, in Albera, D., Biock, A., and Bromberger, C.,(eds.), *L'anthropologie de la Méditerranée*, Paris: Maisonneuve & Larose/ Maison méditerranéenne des sciences de l'homme.

Braudel, Fernand, 1966(1949), *La Méditerranée et le Monde méditrranéen à l'époque de Philippe II*. Paris: A. Colin.

Feuchtwang, Stephan, 2004 *Making Place: State Projects, Globalisation and Local Reponses in China*, London: UCL Press.

Lefebvre, H., 1986, *La production de l'espace*, Paris: Anthropos.

National Museum of Ethnology, 2014, The International Conference on The Russian-Chinese Border: a 'Strategic Partnership' in a Mosaic of Indigenous Societies, Osaka.

Park Song-Yong, 2016, Different Perceptions of the East Sea/the Sea of Japan between Korea and Japan in the 19th Century, in Y. Konagaya and O. Shaglanova(eds.), Northeast Asian Border: History, Poloitics, and Local Studies, Senri Ethnological Studies 92: 81~99, National Museum of Ethnology, Osaka.

Konagaya Y. and Shaglanova O., 2016, Northeast Asian Border: History, Poloitics, and Local Studies, *Senri Ethnological Studies* 92: 81-99, National Museum of Ethnology, Osaka.

Trabelsi, M.,(ed.) 2005, *L'insularité*, Clemont-Ferrand: Presses Universitaires Blaise Pascal, Centre Recherches sur les Littératures Modernes et Contemporaines.

유실된 동해 역사의 복원과
새로운 서사(敍事)를 위한 모색

허영란(울산대 역사문화학과 교수)

소극적인 해양 인식

인간은 늘 바다와 관계를 맺어왔고 바다는 언제나 역사의 무대였다. 그러나 인류 역사에서 바다가 핵심 무대가 된 것은 근대 이후이다. 근대 세계는 바다에서, 바다를 통해 만들어졌기 때문이다. 서구 열강은 대포로 무장한 범선을 앞세워 해양세계를 정복했고 바다를 통해 연결된 장거리 네트워크가 구조화되면서 근대의 세계사가 모습을 드러냈다.

역사적으로 한국은 해양에 대해 소극적이고 방어적인 태도로 일관했다. 바다는 교역의 통로이기도 했지만, 그보다 더 빈번하게 외적의 침략과 약탈을 위한 경로가 되었기 때문이다. 왜구는 침탈을 일삼고 주민들을 괴롭히는 해양세력을 상징하는 존재였다. 왜구가 창궐하는 해양에 대해 한국인들은 부정적인 태도로 일관했다. 그러므로 한국사에서 1876년의 '개항'은 특별한 사건이었다. 사대교린의 제한적 외교를 고수했던 조선 정부가 외국에 대해 항구를 개방하여 선박과 물자의 출입, 사람과 문화의 교류를 허가했던 것이다. 문제는 이 조치에 해양 세력인 일본의 침략적 야심이 작용했다는 사실이다. 바다를 매개로 펼쳐진 근대 세계에 대한 참여가 일본의 부당한 강압에 의해 진행되었기 때문에, 해양과 해양세력에 대한 부정적이고 방어적인 인식을 지속시킨 측면이 있다. 나아가 개항과 함께 밀려들어 온 '근대적 변화'에도 불구하고, 또는 그것으로 인해, 결국 한국은 일본 제국주의의 식민지로 전락하고 말았다.

식민의 바다, 냉전의 바다

개항 이후 동해는 '식민의 바다'가 되었다. 어업은 한국 침략을 노리던 일본이 가장 먼저 주목한 분야 가운데 하나였다. 어업자원을 쫓아, 또 새로운 터전을 찾아, 수많은 일본인이 동해바다로 몰려와 조업했고 해안 곳곳에 근거지를 만들었다.

개항 직후 일본은 수산자원이 풍부한 동해안과 남해안 일대의 연해 어업에 눈독을 들였다. 한일 양국이 1883년 7월에 조인한 「조일통상장정(朝日通商章程)」에 따라, 일본 어선은 전라, 경상, 강원, 함경의 4도, 한국 어선은 일본의 히젠(備前), 치쿠젠(筑前), 이와미(石見), 나가토(長門), 이즈모(出雲), 쓰시마(對馬) 해안을 왕래하며 어로를 할 수 있게 되었다. 그런데 한국 어민 가운데 동해를 건너 일본까지 출어를 감행할 수 있는 항해 및 어로 기술을 갖춘 어민은 드물었다. 결과적으로 일본 어민의 한국 연안 출어만을 일방적으로 허용한 셈이 되었다. 1889년 말에는 이 장정의 시행세칙에 해당하는 통어장정(通漁章程)을 체결해 일본 어민의 한국 출어를 뒷받침하기 위한 세부사항을 추가했다. 이후 일본 어민은 동해와 남해로 몰려와 조업하며 한반도 연해의 어획고를 잠식했다.

일본 어민이 개항장이었던 부산 이북의 동해안으로 처음 출어한 것은 대략 19세기 말로 보인다. 초기에는 매년 성어기에 맞추어 일본에서 어선을 타고 와서 일정 기간 조업을 하고 돌아가는 형식을 취했다. 그러나 러일전쟁 이후 한반도 연해에 대한 제해권과 이권을 독점할 수 있게 되자 본격적으로 일본인 이주어촌을 조성하기 시작했다. 통어 어업에는 많은 경비가 들었기 때문에 전적으로 한국으로 이주해 와서 정주하며 어업에 종사하는 방식으로 바꾸었던 것이다.

19세기 말 일본 연해지역 주민들은 심각한 어민 과잉과 어장 부족 때문에 생활난과 경제적 어려움이 컸다. 이에 일본의 중앙정부와 각 지방에서는 한국 연안으로 출어하여 어장을 확장하고 이주어촌을 건설하여 과잉인구 문제를 해결하고자 했다. 전통적으로 일본은 어업에 대한 의존도가 한국보다 높았기 때문에 어구, 어법 등이 발달한 편이었다. 일본 어민은 앞선 어업기계와 기술을 이용하여 한반도 연안의 어획물을 쓸어갔다. 심지어 연안에 상륙하여 주민을 위협하고 노략질을 일삼기도 했다. 그래서 한반도 연안 각지에서 한국과 일본 어민의 충돌이 빈번하게 발생했다.

일제하 한국 어업은 일본의 능률적인 어구와 어법을 도입했다. 그러나 영세한 한국인이 많은 자본이 필요한 대규모 어업을 경영하기는 어려웠다. 그래서 재래식 어법보다 효율적이면서 적은 자금으로도 채용할 수 있는 어법을 집중적으로 수용했다. 그것이 한국 어민에게 안

강망 어업이나 수조망 어업이 가장 먼저 보급된 이유였다.

동해는 난류와 한류가 만나기 때문에 한난 양수성 어족을 비롯해 어족 자원이 풍부한 편이었다. 그렇지만 동해안은 해안선이 단조로워서 좋은 정박지가 드물고 어항이 발달하기 어려웠다. 이에 조선총독부는 1910년대부터 동해안에서 울산의 방어진, 경북의 강구와 포항, 강원의 정라와 옹진, 함북의 청진 등에 어항을 수축했다. 이후 1945년 패전에 이르기까지 동해안에는 조선총독부와 일본 본국의 어업 및 산업, 운송 정책, 군사 목적에 따라 각종 항만시설과 유관시설이 건설되었다.

해방과 함께 찾아온 분단과 전쟁은 동해 또한 남북으로 갈라놓았다. 20세기 후반의 동해는 격렬하게 대립하는 냉전의 양대 세력이 맞부딪히는 바다였다. 이 시기에는 정치적·군사적 경쟁과 갈등이 모든 것을 압도하는 준칙이 되었다. 남북한 사이의 긴장이 극심했던 시기에 동해는 생업의 장소만은 아니었다. 1968년 11월의 '울진삼척지구 무장공비 침투사건'에서 알 수 있듯이 동해는 무장한 간첩이 침투하고 군사적 충돌과 살상이 자행되는 차가운 전쟁터였다.

역사·문화의 유실

좋은 정박지는 드물었지만 동해안에도 근대 이전에 크고 작은 촌락은 형성되어 있었다. 사람들이 모여 사는 곳을 중심으로 포구 기능을 하는 곳이 자연스럽게 생겨났다. 전근대의 어로행위는 오늘날과는 달리 배를 타고 먼 바다로 나가는 형태가 아니었다. 배를 타기는 했지만 육지에서 가까운 거리로 이동해 그물을 내리거나 끄는 정도가 대부분

고려시대 과거사 연구를 위한 희귀 자료, 장영수 홍패 (문화재청 제공)

이었다. 그래서 선박이 일상적으로 출입하는 정비된 포구는 많지 않았을 것으로 보인다.

조선 시대의 지리지에 따르면 경상도와 강원도의 동해안에만도 29곳의 포(浦)와 16곳의 진(津)이 있었다.[1] 이 밖에 다른 이름으로 표기된 포구가 존재했을 가능성이 있지만, 문헌 기록만으로 구체적인 성격을 분별하기란 사실상 불가능하다. 총 45개의 포(浦) 또는 진(津)은 지역적으로 강원도에 11개, 경상도에 34개가 분포했다. 군현별로는 울산이 9개로 가장 많고, 영해(영덕군)와 청하(포항시)가 6개씩, 그리고 흥해(포항)와 강릉이 4개씩으로 이들 다섯 지역에 6할 이상이 위치했다. 조선 시대의 포구는 무엇보다 자연적 지형 조건에 좌우되었기 때문에 울산만과 영일만 등 동해안 남부를 중심으로 포구가 형성되었던 것이다.

서·남해안의 전통 어촌이나 포구에 대해서는 지금까지 다방면의 문헌조사와 현장조사가 진행되어왔다. 그러나 동해안에 대해서는 기초적인 포구조사조차 제대로 시행된 바가 없다. 일차적 원인은 위에서 보았듯이 분단 이후 강원도와 경북 지역의 동해안이 삼엄한 군사적 경

1 『세종실록지리지』·『신증동국여지승람』·『여지도서』의 산천조에서 추출

계지역으로 바뀌었기 때문이다. 그런 상황에서 민속조사나 학술연구, 전통문화 보존은 도외시되지 않을 수 없었다.

군사적 긴장이 상대적으로 약했고 일제시기에 집중적으로 항만시설이 건설되었던 동해안의 남쪽 해안은 공교롭게도 1960년대 이후 경제개발계획의 중심 무대가 되었다. 포항과 울산 일대의 동해안은, 조선 시대의 지리지에서 보았듯이, 자연발생적 포구가 가장 발달한 곳이기도 했다. 그러나 이 지역의 해안가에는 제철회사, 조선소, 자동차공장, 석유화학단지, 비철금속산업단지 등이 들어서게 되었고, 그 결과 해안가의 경관은 과거의 흔적을 깡그리 잃어버리게 되었다. 20세기 후반에 조성된 정치군사적 조건과 공업화 과정에서 동해와 동해안의 역사와 문화는 조사조차 제대로 이루어지지 못한 채 유실되고 말았다.

역사 찾기 – 신화의 바다에서 역사의 바다로

고대 사람들에게 동해는 공경과 두려움의 세계였다. 무서운 재해와 신묘한 이변, 동해가 상징하는 위력은 고대 사람들에게 초자연적 신앙의 대상이었다.『삼국사기』에 따르면 신라는 국가 차원에서 계절마다 동해신에게 제사를 지내는 신사를 포항시의 연일읍과 동해면에 두었다. 동해신을 향해 격식과 위엄을 갖추어 왕실과 국가의 안녕을 기원했던 것이다.

동해안은 해안선이 단조롭고 조석간만의 차가 적어 갯벌이 거의 없다. 태백산맥의 동해안 쪽이 급경사를 이루어 해안까지 연결되기 때문에 동해로 흐르는 하천은 길이가 짧아 급류를 이룬다. 연안에는 사람이 살 수 있는 섬이 거의 없고 소규모 바위섬들이 해안선 가까이에 보

19세기 후반 조선 지방지도 (서울대 규장각 소장)

일 뿐이다. 동해는 인간에게 유난히 불친절한 바다였다. 생업을 위한 공간이나 교역을 위한 해상 교통로로 적극적으로 이용되었던 서·남해와 달리, 동해는 인간의 범접을 거부하는 장벽의 이미지가 강했다.

바다는 경외의 대상이었지만 동시에 교류의 통로이기도 했다. 동해 저편에 있는 일본이 접근하기 어려울 정도로 먼 것은 아니었고 계절풍이나 해류를 이용해서 항해할 수도 있었기 때문이다. 신라의 제4대 왕 탈해는 알에서 태어났는데, 알이 담긴 궤짝이 일본의 북구주에서 출발하여 대마도를 거쳐 김해에 도달했고, 금관국에서 받아들여 주지 않자 다시 동남해안을 따라 북상하여 경주의 아진포(경주시 양남면 하서리)에 다다랐다. 탈해이사금은 알에서 태어나 왕위에까지 올랐지만,『삼국사기』의 신라본기에 등장하는 왜인들은 주로 신라의 동쪽 변경을 침략한 약탈자들이었다. 그들은 남해안을 거쳐 동남해안을 거슬러 침략해 오기도 했지만, 직접 동해를 건너 신라의 동해안으로 침략한 사례는 더욱 많았다.

신라인들이 동해를 건너 일본으로 간 경우도 있었다.『삼국유사』에 실려 있는 '연오랑세오녀' 설화는 신라와 일본 사이의 교류를 상징한다. 동해안에 살던 연오는 바위에 실려 일본으로 가서 왕이 되었는데, 돌아오지 않는 남편 연오를 찾아 나선 세오 역시 일본으로 건너가 귀비가 되었다. 그 때문에 신라에서 해와 달이 빛을 잃었는데, 신라 국왕이 일본으로 보낸 사자가 세오가 짠 비단을 받아와 하늘에 제사를 드렸더니 다시 광명을 찾게 되었다. 이 설화를 통해 신라의 이주민 집단이 일본으로 건너가 정치적 지배자가 되었고 우수한 직조기술을 전했으며 신라와 일본이 문물을 교류하며 내왕했다는 사실을 추측할 수 있다.

연오랑세오녀테마공원

고대 사람들은 동해를 가로질러 이루어진 일본과의 왕래를 신화로 재구성해 기록으로 남겼다. 고대에서 통일신라에 이르는 시기에 동해에 대해서는 설화의 형태로 다양한 역사가 전해지고 있다. 그러나 동해를 통해 신라 및 일본과 활발하게 교류했던 발해가 멸망하고, 고려시대에 접어들어 동해를 통한 교류는 급격하게 줄었다. 조선시대에도 서·남해와 비교해서 동해의 어업이나 교역이 크게 발달했다고 보기는 어렵다. 그런 가운데서도 인구 증가와 지방제도의 정비, 상업과 교통의 발달에 힘입어 동해안 연안에 다수의 어촌과 포구가 성립되었던 것이다.

진정성 있는 동해 담론을 위한 조사와 연구

특정한 장소나 지역이 갖는 의미는 역사의 흐름 속에서 지속적으로 변한다. 동해(안) 역시 마찬가지이다. 그러나 동해와 동해안에 대해서는 그런 역사적 변화를 이해하고 해석하기 위해 선행되어야 하는 조사와 기록, 체계적 연구와 종합의 과정이 생략된 채 오늘에 이르렀다.

최근 '환동해학'을 강조하며 동해 연구의 필요성을 이야기하는 경우가 늘어나고 있다. 동해를 공유하는 하나의 통합된 권역을 설정하고 그것을 담론의 단위로 삼고자 하는 관점이다. 국가 단위를 넘어서는 교역과 교류가 더욱 많아지고 에너지 개발 및 물류 운송의 차원에서 교통의 요지이자 결절 지역인 환동해 지역이 갖는 중요성이 커지면서 나타나고 있는 현상이다. 그와 같은 '환동해학'은 일본에서 추진하고 있는 '환일본해학'에 대응하는 개념이기도 하다. 일본 중심의 '환일본해' 담론에 대응하기 위해 '환동해' 담론을 발달시켜야 한다는 인식이 바탕에 깔려 있다.

그것과 유사한 것으로 해역사 또는 해역인문학, 해양사, 해륙학 등도 있다. 이런 관점은 국가 사이의 정치, 외교, 군사, 경제적 관계를 중심으로 동해의 역사를 서술해온 전통적 대외관계사를 비판한다. 해양진출사처럼 국가를 기본 단위로 삼아 육지를 중심으로 역사를 바라보는 일방적 역사 서사도 또한 비판하면서, 해양과 육지의 교류와 투쟁(해역사), 바다와 육지가 만나는 지점에서 발생하는 다원적 현상(해륙학)을 다루어야 한다고 주장한다.

그런데 '환동해학', '해역사' '해양사' '해륙학' 등은 공통적으로 초국가적이면서도 국가에 버금가는 거대 주체를 염두에 두고 있는 거시적 담론이다. 육지와 바다를 아우르는 지구적 상상력이 필요하고, 기후변화와 환경문제 등 지구생태에 대하여 관심과 대책을 강구해야 한다는 점에서는 마땅히 의미가 크다. 그렇지만 거시적 담론이 실효성을 갖기 위해서는 구체적인 사람과 현장의 역사에 대한 튼실한 조사와 미시적 연구의 뒷받침이 반드시 병행되어야 한다. 새로 제기되는 관점과 담론의 진정성 있는 발전을 위해서 필요한 동해(안) 역사·문화에 대한 조사 연구의 방향을 정리하면 다음과 같다.

우선, 일원적으로 고정될 수 없는 동해의 의미, 획일적일 수 없는 동해와 동해안의 지역 정체성을 탐색하고 조사·기록해야 한다. 최소한 조선 시대 지리지에 등장하는 포구와 일제강점기 이후 작성된 마을기록에 대한 현장조사가 시급하다.(사료의 현장조사)

둘째, 해안에 위치하지만 더 이상 어촌이 아닌 마을, 바닷가에 거주하지만 어민이 아닌 사람들이 늘어나고 있다. 동해안 사람들의 생애

자체가 급변하고 있다. 반세기 동안 진행된 생활과 의식의 변화, 가치관의 재편, 가족과 마을 등 공동체의 해체에 대한 조사를 서둘러야 한다.(개인과 공동체의 현대적 변화에 대한 아카이빙)

셋째, 지역주민이 함께 참여하는 공동체 아카이브(마을 기록화) 작업을 진행하면서 다원적 소통과 해석을 통해 아래로부터 '동해 인문학' 담론의 구성을 시도할 필요가 있다. 동해의 의미는 위로부터, 외부에서 일방적으로 주입되는 것이 아니라 다원적인 주체들이 함께 참여할 때 개인과 지역사회, 해역과 해륙, 나아가 환동해의 범주에서 의미를 가질 수 있다.(지역주민이 참여하는 동해 인문학 담론의 구성)

포항 장기면 장기척화비

이런 과정을 통해 21세기 동해(안)는 생명력이 넘치는 삶의 터전이자 보편적이고 건강한 상상력의 거소(居所)로 새롭게 재구성되어갈 수 있을 것이다.

해양교류사의 과제 - 동해를 중심으로

윤재운(대구대 역사교육과 교수)

동해는 아시아 대륙의 북동부, 한반도, 극동 러시아, 사할린섬, 그리고 일본열도로 둘러싸인 태평양의 연해이다. 동해 수역의 면적은 1,007,300㎢에 달하며, 남북 최대길이는 1,700㎞, 동서 최대길이는 1,100㎞이다. 동해에 연한 대륙붕의 면적은 약 210,000㎢로 추정된다. 동해의 생성 시기는 약 3,000만 년 이전인 신생대 제4기 초로 알려져 있다.

환동해권에 관한 관심은 사회적 측면, 특히 지방 수준의 정책적 측면에서 시작되었다고 해도 과언이 아니다. 한국에서는 환동해 간 지역 교류에 대한 열망에도 불구하고 동해는 여전히 변방 지역으로 인식되고, 지방 개발 차원에서 주로 논의가 되면서 동해 연구는 답보에 이르고 있다. 따라서 동해라는 공간은 실재적인 장으로서 학문적인 연구가 진행되어야 할 대상이다.

일반적으로 환동해권은 동해를 둘러싼 한반도 동해안, 일본의 서해안, 중국의 동북 3성, 러시아 극동지역을 포함한 지역으로 범위가 정해진다. 이를 세분화하면 지리적으로 환동해 지역은 탈냉전 이후 중국의 경제발전, 러시아의 자본주의화 등 역동적인 지역 질서의 변화가 가시화되는 공간이다. 한편 오늘날 학문적으로 '환동해' 지역은 일본의 '환일본해' 지역에 대응하는 개념으로 사용되기도 한다. 협의적으로는 한국(강원도, 경북, 경남, 대구, 부산), 북한(함경남도, 강원도), 중국(길림성, 흑룡강성), 일본(동해 연안 14개 도부현道府縣), 러시아(연해주)를 포함하고, 광의적 정의로는 한국, 북한, 일본, 러시아 극동지구, 중국의 동북 3성을 포함한다. 초광의적 정의는 몽골, 발해만 지역 등을 포괄함으로써 동북아시아와 유사한 개념이 되기도 한다.

동해는 아주 오래전부터 한반도·연해주와 일본열도를 연결해 주는 바닷길이었다. 고대 국가가 성립되기 이전부터 이 해역 연안에 거주하던 사람들은 바닷길을 통한 교류를 전개해 왔다. 하지만 동해가 단순한 바다가 아닌, 현재와 같이 동북아시아의 새로운 소통 장소로 주목받게 된 것은 비교적 최근에 이르러서이다. 오래도록 동해는 정치, 경제, 사회, 문화적 측면에서 주변성을 면치 못하였다. 물론 그 원인은 매우 다양하다. 실제로 동해지역의 많은 사람은 이 지역의 느린 경제 속도를 주원인으로 제시한다. 그리고 이러한 경제적 측면은 동해에 면해 있는 이 지역을 그들 나라로부터 '변방'으로 인식하게 만든다.

그러나 경제적 관점은 지역을 이해하는 하나의 관점이 될 수 있지만, 지역 전체를 이해하는 중심 시각은 될 수 없다. 경제·사회·문화 등 다양한 문제들을 아우를 수 있을 때, 비로소 한 지역의 잠재력이 그 모습을 드러낸다. 즉 경제적 잠재력은 정치적이고 사회문화적이며 환경

적인 다른 모든 요인과의 결합을 통해 현실화한다.

따라서 동해를 이해하기 위해서는 경제적 관점과 더불어 이 지역에서 발생하고 있는 다양한 문제들을 종합적으로 인식할 필요가 있다. 그 어느 때보다 동해에 관한 관심이 증대되고 있다. 이 모든 관심이 동해의 경제적 이익 창출이라는 목적에서 출발했을지라도, 이 지역을 하나의 의미 있는 공간으로 재생산하는 일은 경제 이외의 다른 모든 요소를 총체적으로 결합할 때 가능하다.

일례로 동해를 통한 교류는 그 역사가 매우 깊다. 반면에 동해는 역사적으로 동북아시아의 대표적인 분쟁 지역이기도 하다. 따라서 동해에 대하여 어느 한쪽 면만을 보는 것은 이 지역에서 발생하는 갈등의 주요 원인이 되었던 국가 중심, 혹은 민족 중심의 편협한 시각을 되풀이하는 것이다. 모든 지역은 국가마다, 행위자마다 같은 사실이라도 다른 기억, 다른 인식을 가질 수 있다. 차이는 때로 협력의 원인이 되기도 하고 갈등을 조장하기도 한다. 그러나 살아 있는 공간이란 바로 이러한 차이에 의해서 발생한다. 차이는 새로운 공간 생산의 힘이다.

한편 동북아시아 지역에서는 과거로부터 활발한 문물교류가 있었다. 그 가운데 한반도는 동북아시아 문물교류의 중심지였고, 그러한 역할을 하고 있었다. 동북아시아에서 해상교류는 크게 한반도를 중심으로 보았을 때, 신의주와 부산을 잇는 축을 중심으로 전개되었다고 할 수 있다. 즉 서남쪽은 위로부터 발해, 황해, 남해 등이 주 무대였고, 동북쪽은 동해와 오호츠크해가 무대였다. 문제는 국내에서의 기존 연구가 주로 한반도를 중심으로 보았을 때, 서남쪽에 해당하는 바다를 통한 교류에 집중되었다는 점이다. 물론 고대문명의 중심축이 중국의 화북지역과 한반도 서남해안, 일본의 규슈(九州)·긴키(近畿) 일대라는 것을 부정할 수는 없다. 하지만 전자가 70~80%의 비중을 점한다면, 후자 즉 동해를 통한 교류는 최소한 20~30%의 비중을 가지고 있었다고 생각된다. 동해를 통한 교류는 선사시대부터 현재까지 활발했다. 러시아 연해주-동해안-일본으로 이어지는 항로는 황해-남해-일본으로 이어지는 루트에 못지않게 빈번히 이용되었다. 고대의 경우만 해도 고구려와 발해가 동해를 건너 일본과 활발한 교류를 하였다.

동해를 통한 교류의 과제는 시기별, 주제별(사람, 물자, 정보의 교류)로 나누어 볼 수 있다.

우선 환동해문화의 형성 시기에 대해서이다. 고고학적으로 환동해문화권은 한반도 동해안과 연해주를 중심으로 청동기시대·철기시대로 설정된다. 이를 좀 더 보충하자면 현재까지 진행된 연구로 보아서 신석기시대 중기로까지 소급할 수 있을 것으로 보인다. 즉 연해주 보이스만 문화와의 관계인데, 중국으로는 신개류·아포력 유적과 연결되고, 두만강 하류의 서포항 1기도 포함할 수 있는 것으로 보인다. 또한 보이스만 문화와 동해안 문암리·오산리 등의 관계를 고려해 본다면 신석기 중기까지 소급해 볼 수 있을 것으로 보인다. 환동해문화권의 기점에 대해서는 현재 논의 초기 단계로 이를 더욱 깊이 논의할 필요가 있다.

동해 역권에는 다양한 해양 민족 집단이 할거하고 있었다. 한반도 동부 해안 다시 말해 오늘의 강원도에서 함경도에 이르는 광범위한 지역에는 예(濊)라고 불리는 사람들이 거주하고 있었다. 맥(貊)의 북쪽에는 다른 민족성을 가진 옥저와 읍루가 거주하고 있었다. 동옥저에는 바다신에게 산 폐백을 바치는 전설과 다른 모습의 사람들이 표착하는 전승, 나아가서는 바닷속의 여인도 이야기 등 해양민에 어울리는 많은 전설이 있었던 것으로 보아, 동옥저도 역시 해양인이었던 것으로 추측된다. 예·맥·옥저·읍루의 실체에 관해서는 사료의 부족으로 고고

『삼국사기』 우산국 기록

문화를 통해 규명할 수밖에 없는 상황이다. 강원도와 경상도 동해안 지역은 비교적 고고 문화의 성과가 축적되어 있으나, 함경도 쪽은 사례가 현재로서는 적다. 옥저와 읍루에 관한 고고 문화 성과는 러시아와 중국 측에서 많이 나오고 있으므로 이를 종합적으로 검토하는 것이 필요하다.

삼국시대의 동해교류는 주로 신라의 동해안 진출과 우산국 정복의 역사적 의의, 그리고 고구려의 대왜교섭과 관련하여 연구가 이루어졌다. 『일본서기』에 보이는 고구려사절의 대왜파견은 570년 이후 25회에 이른다. 이 횟수에서 고구려가 멸망한 해인 668년 이후의 사절은 모두 7회로 안승(安勝)을 수반으로 하는 보덕국(報德國)에서 파견된 것으로 보인다. 그리고 승려의 파견 등 문물을 전한 사례 5회를 제외하면 양국의 공적 외교의 횟수는 18회이다. 그것도 대체로 7세기 이후의 한정된 시기여서 양국관계 교류의 시대적 특징을 보여주고 있다. 이것은 오랜 분열 시대를 끝내고 통일왕조를 이룩한 중국대륙의 정세 변화, 신라 세력의 고구려 영역으로의 침투, 신라와 당의 결합으로 위기의식을 느낀 고구려가 이를 타개하기 위한 하나의 방편으로서 대왜 외교를 추진한 것으로 보인다. 고구려가 570~668년간 약 100년 동안에 18회의 공식 사절단을 일본에 보냈다는 것은 훗날 발해가 727~919년간 약 200년에 걸쳐 34회의 사절단을 일본에 파견된 것과 비교하면, 거의 비슷한 횟수라고 할 수 있다. 이렇게 적지 않은 교류가 있음에도 연구가 활발하다고는 할 수 없다. 고구려와 일본의 교류에 대한 추가 검토가 필요하며, 동해 교류사에서 울릉도와 독도가 점하는 위상에 관해서도 후속 연구가 필요하다. 울릉도와 독도에 대해서는 최근 동북아

역사재단에서 관련 자료가 정리되고 있어서 후속 연구가 기대된다.

　전근대에 동해를 통한 교류가 가장 활성화된 시기는 남북국시대였다. 남북국시대에 특히 발해가 일본과 외교관계 수립을 꾀했던 것은, 발해의 북쪽에 있던 흑수말갈의 정복을 의도한 것에서 기인한다. 이에 당·신라와 대립하여 국제적으로 고립 상태에 놓인 발해가 신라를 견제해주기를 일본에 기대하여 외교사절을 파견한 것이다. 그에 따른 신라정토계획(新羅征討計劃)의 실패를 계기로 일본과 발해의 관계도 정치적·군사적인 관계에서 교역을 중심으로 한 경제적인 관계로 비중이 옮겨졌다. 이는 755년부터 763년에 걸쳐 당에서 일어났던 안록산(安祿山)·사사명(史思明)의 난에 따라 동아시아제국에 대한 당 왕조의 영향력이 줄어들고, 그에 따른 중국 내부의 긴장 완화가 주변 제국·제민족의 자립적인 활동을 조장하여 생산성의 향상과 광범한 교역 활동을 가능하게 만든 결과이기도 하다.

　발해의 대일교류에 관해서는 많은 연구 성과가 있으나, 주로 일본

오래된 목선을 수리하는 배목수

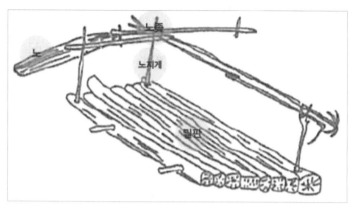

떼배 그림

측의 연구가 주류를 이루었고 한국 측의 연구 성과는 이에 비하면 적은 편이다. 대일교류의 원인, 전개 과정, 발해 사절단이 이용한 항로, 거래된 물자의 구체적인 규명, 교류 관련 고고 조사 등이 향후 필요하다고 할 수 있다.

발해멸망 후 제민족·국가에 의한 환동해 교류에 관해서는 연구가 부진하다. 926년 발해가 멸망한 후 동해 연안 지역의 동향을 보면, 996년 5월에 고려국인이 석견국(石見國)에 도착하고(『소우기(小右記)』), 1004년 3월에는 '우릉도인(于陵島人; 현재의 울릉도)'이 인번국(因幡國)에 도착하였다(『권기(權記)』). 이는 요나라의 지배 아래 있던 함경도의 여진이 한반도의 동해안을 남하하여 약탈을 반복하고, 1019년 3월 말에 쓰시마(對馬)·이끼(壹岐), 하카다(博多) 주변을 습격하여 사람들을 경악시킨 '도이(刀伊)의 입구(入寇)'의 조짐이라고 해야 할 사건이었다. 아울러 1026년 4월에 민부경(民部卿) 원준현(源俊賢)이 보고한 "단후국(丹後國)에 신장 7척, 얼굴 길이 2척의 '이국녀(異國女)'가

표류했는데, 배에 접촉한 사람이 병이 들어 상륙할 수가 없어서 여자가 배 안에서 죽은 사건"도 일어났다.(『삼조서가중서고문서(三條西家重書古文書)』인용『소우기(小右記)』일문(逸文) '이국여기단후국사(異國女寄丹後國事)'〈『대일본고기록(大日本古記錄)』11〉) 이러한 사건은 대개 산발적이고 우발적이어서, 동해 연안 제국으로서는 발해의 멸망 후 환동해 교류는 급속히 감소해 간다.

일본 측에서는 발해가 멸망한 후의 동해 교류에 대해 몇몇 성과가 있으나, 한국 측은 전무 하다시피 하다. 10세기 초반 이후 동북아시아 지역의 교류 양상을 살펴보기 위해서는 교류의 주체인 민족 집단에 대한 검토, 그들에 대한 고고 조사가 필요하다. 아울러 고려 시기 여진 해적에 대한 검토도 필요하다. 한국 측에서는 여진 해적에 대한 고려 수군의 대응 등에 대한 성과가 있을 뿐이다. 특히 고려가 동해안 지역에 여진 해적을 대비하기 위해 쌓은 관방 시설에 대한 조사가 필요하다.

이상에서 전근대 동해 교류의 과제에 대해 살펴보았다. 앞서 제시한 과제를 해결하기 위해서는 거시적인 계획에 따라 장기적인 지원과 조사가 필요하다고 할 수 있다. 이를 위해서는 컨트롤 타워나 연구 중심 허브가 구축되어야만 한다. 아울러 동해연안이 현재 여러 국가에 걸쳐있으므로 국가 간 연구네트워크 구축도 필요하다고 할 수 있다. 마지막으로 역사학을 포함한 여러 학문 간의 협력도 필요하다고 할 수 있다.

인문학적 관점의 환동해 문화재 활용과 브랜드화

김유식(국립제주박물관장)

1. 들어가며

환동해권은 한반도의 동부 해안 지역 즉, 행정구역상으로 울진, 영덕, 포항, 경주의 해안 지역을 지칭한다. 이 지역은 두만강 유역의 함경도 웅기 굴포리 유적부터 강원도 양양 오산리, 경상도 울진군 죽변리·후포리, 경주 하서리, 부산 동삼동 패총까지 선사시대 주요 유적이 다수 분포하고 있으며, 고대에는 고구려와 신라가 끊임없이 각축을 벌인 장이기도 하다.

한편 해양 실크로드가 활성화되는 8세기 이후에는 국가 간 교류가 활발해져 신라의 선박이 중국과 일본 그리고 동남아지역을 빈번하게 왕래하였다. 신라는 무역이익을 위하여 바닷길의 거점을 중요시하였으며, 9세기 문헌에 선박의 돛대천이 수출품목으로 기록된 것은 신라의 활발한 해상교역을 보여주는 것이다. 환동해권에는 이를 뒷받침하

듯 중요 유적에서 다양한 유물이 확인되었다. 울진군 죽변리와 경주시 양북면 봉길리, 양남면 하서리 신석기 유적에서는 곡식을 갈 때 사용한 돌과 다량의 토기가 출토되었으며, 특히 울진군 후포리 유적은 다량의 뼈와 마제석검이 출토되어 집단무덤으로 추정되었다. 그리고 포항 냉수리와 울진 봉평리의 신라비는 신라의 지역통치 관계를 엿볼 단서를 제공하며, 통일신라시대부터 고려시대, 조선시대까지 중요사찰을 비롯한 목장, 서원 등 수많은 문화재가 남아 있다. 호국의 성지로서 대왕암과 감은사지까지 그야말로 환동해권은 문화재의 보고(寶庫)라고 할 수 있다.

그러나 이러한 중요성에도 불구하고 그동안 환동해권에 대한 조사와 연구는 형식적 수준에 머물러 있었다. 고대사회에서 해양과 항해는 지역 간 정보 획득에 유리할 뿐 아니라 고기잡이, 공물 운반과 함께 표류인들을 통하여 다양한 문물이 들어오는 역할을 하였다. 따라서 환동해권 지역에 대한 체계적인 조사와 연구를 통해 이 지역이 어떤 문화적 기반을 배경으로 정체성을 확립하였는지를 규명한다면, 이 지역의 문화 발전상에 대한 이해를 돕게 될 뿐 아니라 더 나아가 고대사회 역사와 문화중심지로서 위상을 정립하는 일에도 도움이 될 것이다.

이 글에서는 환동해권에 소재하는 문화재를 검토하고 문화재를 활용한 지역의 발전방안을 제시해 보고자 한다. 이를 위해 지역의 문화 논리를 살펴보고 지역 주민들과 관광객이 가치를 함께 이해하고 즐길 방법론을 제시하고자 한다. 필자의 제안이 어설프게나마 환동해권의 중장기 비전 및 콘텐츠 전략 수립에 도움이 되기를 바란다.

2. 환동해권 중요문화재와 콘텐츠 전략

문화 소비층은 콘텐츠 체험을 통한 이미지 혹은 인지 내용을 마음 속으로 담는 경향을 보인다는 연구 결과가 있다. 특히 최근 관광객들의 문화 수준이 향상되면서 그저 보는 것에서 탈피하여 능동적으로 경험하는 체험 위주의 프로그램을 선호하는 경향을 보인다. 따라서 환동해권 역시 주민 혹은 관광객의 선호를 고려하여 지역만의 특징과 차별화된 가치자산을 창출해야 하는 과제를 안고 있다. 이는 환동해권 문화의 정체성을 반영하는 지역의 문화유산을 끊임없이 조사하고 연구하여, 지역문화의 특성과 우수성을 발굴하고 흥미로운 콘텐츠를 만들어내야 한다는 것을 의미한다.

이를 위한 기초 작업으로 먼저 해양사 관련 자료 수집과 지역 문화기관의 협력을 통한 연구 강화, 스토리텔링 사업의 적극 개발 등을 통해 환동해권의 브랜드를 확립하고 아카이브 기능을 강화해야 한다. 그러자면 지역 문화애호가, 관련 기관 간 네트워크를 강화하여 인적 기반을 다져야 한다. 아울러 지역의 문화사업을 기관과 주민이 상생 참여하는 방식으로 확대할 필요가 있다. 본 장에서는 전술한 사항을 유념하여 환동해권 중요문화재를 중심으로 의견을 간략히 제시하고자 한다.

① 환동해권 신석기시대 유적지 개발의 방향성

고고학적으로 환동해권의 신석기 유적은 한반도의 북부와 남부를 연결하는 점이지대이다. 북쪽으로 강원도 고성군 문암리, 양양군 오산리 그리고 남쪽으로 통영시 욕지도 유적의 중간에 위치한다. 특히 울진 죽변리 유적은 소위 '죽변리식 토기'로 불리는 다양한 토기들이 출토되는 등 신석기시대 한반도 문화사를 규명하는 중요한 유적으로 평가된다. 이 외에도 경주시 양남면 하서리 신석기 유적에서 출토된 토기편과 갈돌은 환동해권에서 남해로 이어지는 단계의 것으로 추정된다. 이 유적들은 통영 욕지도를 비롯한 남해안의 신석기 유적과 관련성을 보이므로 물질문화의 교류 양상을 이해하는 열쇠가 된다. 이러한 환동해권의 문화적 특징은 향후 문화사업을 추진하는 지속적인 원동력이 될 것으로 생각된다.

따라서 환동해권 신석기 유적을 전략적으로 접근하여 브랜드화하고 이를 문화유산의 특성화 사업으로 연계시켜야 할 것이다. 먼저 환동해 지역은 신석기시대부터 한국인의 직접적 조상이 밀집하여 거주하였다는 사실과 함께 기원전 5,000년 전후에 물질교류가 행해졌던

포항 냉수리 신라비 (출처: 문화재청)

중심지로 이해수준을 높일 필요가 있다. 따라서 울진군의 후포리와 죽변리는 지역적 정체성이 높은 문화가치를 보유하였으므로 신석기인의 특성 부각과 지역적 장점을 강조하는 방향으로 키워드를 특정하여 차별화된 방향을 설정할 수 있다.

다만, 환동해권 신석기 유적을 특성화하기 위하여 해결해야 할 과제들이 산적해 있다. 우선 동해안 선사시대 유적을 체계적으로 조사하기 위한 신석기 전문연구소 창립과 인적 네트워크 기능을 강화해야 한다. 그렇게 얻어진 결과물은 특성화로 계승되어 문화적 기반으로 활용되어야 한다. 이러한 문화기반은 문화사업의 수명을 연장하기도 하지만, 취약성을 보강하거나 홍보를 강화하는 데에도 유리하다. 거듭 강조하지만 환동해권 신석기 유적지는 일관성 있는 이미지를 관광객에게 각인시키는 요소로 활용해야 하겠다. 여타 지역과 중복되지 않는 환동해권 신석기 유적은 신석기 박물관 건립, 신석기 체험마을 조성을 통한 신석기 거리 등 다양한 형태의 문화사업으로 특화하는 일도 가능하다. 특히 테마파크의 조성이 가능하며, 특유의 바다 경관과 함께 힐링마을로 조성할 수도 있겠다. 다만 이 사업은 신석기 연구를 위한 연구소 혹은 환동해권 고고학연구소의 창립 혹은 신석기 박물관의 건립이 우선되어야 가능한 사업임을 강조하고자 한다.

② 불교 문화재의 현황과 활용방안

환동해권 불교 문화재는 울진군 불영사와 영덕군 장륙사, 포항시 보경사와 오어사 그리고 경주시 대왕암과 감은사지로 대표된다. 불교 건축물 가운데 보물은 불령사의 응진전, 대웅보전과 보경사 적광전이 있으며, 대부분 조선시대에 건립되었다. 이 중 불영사의 대풍헌은 수토사가 울릉도와 독도를 관찰하러 가기 위하여 대기한 공간이었다. 대풍헌을 통해 울릉도와 독도에 얽힌 역사적 사실을 알리는 동시에 환동해 지역이 해양으로 진출하는 중심지였음을 강조해야 하겠다.

이 지역의 불교회화는 불영사의 영산회상도와 신중탱화, 장륙사의 영산화상도, 보경사의 괘불탱화와 비로자나불도, 수진사의 불화와 광흥사 대웅전의 판벽화가 대표적이다. 그림 가운데 불령사의 영상회상도는 양식적 특징으로 보아 조선 후기 이전으로 추정되며, 신중탱화는 1860년 대승사 중심으로 활약하면서 강원도까지 활동한 의운당 자우의 작품이다. 또한 보경사의 초대형 괘불탱(숙종, 1703년), 비로자나불 그림(1742년)은 조선 후기인 18세기 전후 불교회화 연구에 귀중한 자료적 가치를 지닌다. 특히 광흥사 판 벽화(영조, 1770년)는 부일 화승이 그린 그림으로 유명하다.

불교 조각품으로 장륙사 건칠보살좌상과 오어사의 목조석가여래삼존불좌상이 있으며, 모두 조선 후기의 작품으로 추정된다. 범종은 보경사 소장 사인비구가 제작한 것과 1995년 부근의 저수지에서 출토된 오어사 범종이 있다. 특히 전자는 1667년(현종) 사인비구가 제작한 여러 범종 가운데 하나로 범종의 형식변천 과정을 이해할 수 있으며, 후자는 1216년의 제작연대를 알 수 있다. 이 밖에 보경사 원진국사비와 불영사 3층석탑, 보경사 5층석탑과 승탑 그리고 서운암 부도군은 환동해권 불교 미술사를 연구하는데 귀중한 자료이다. 이 가운데 불영사 3층석탑은 통일신라 후기에서 고려 초기로 편년되어 당시의 불교 전파 과정을 이해할 수 있는 자료이다. 특히 불령사의 불연은 시주자의 묵

서명이 남아 있어 제작연대를 추정할 수 있는 중요한 자료지만, 파손이 심하여 이에 대한 대책도 마련해야 할 것이다.

특히 포항시 신광면 비학산 기슭에 위치하는 법광사지는 통일신라 왕실의 원찰로 추정된다. 이곳에는 3층석탑을 비롯하여 석조불상대좌와 당간지주 등이 남아 있다. 그리고 발굴조사 결과 석조좌상과 녹유 벽돌, 귀면와 등 많은 기와가 출토되었다. 특히 이 사찰은 법당 바닥에 녹유 벽돌을 전면으로 깔아 왕실 사원의 사격을 추정케 한다.

이 지역의 불교문화재는 건축물을 위시하여 불화, 불교조각, 석탑, 범종 등 다양한 종류를 이룬다. 특히 불령사와 오어사, 보경사에 불교문화재가 집중적으로 배치되어 향후 이에 대한 활용방안을 마련해야 하겠다. 현재 불교 문화재는 포항 보경사와 오천 오어사에 소규모 전시관이 있어서 문화재를 전시하고 있다. 불령사를 비롯한 3개 사찰은 아름다운 자연을 접하고 있으므로 많은 관광객이 방문한다. 보경사와

감은사지 동·서 삼층석탑 (출처: 문화재청)

오어사 전시관은 여타 문화기관에 비해 상황이 그리 양호하지 못하다. 문화재 전시가 방문객들에게 환동해권의 정체성과 이미지에 긍정적 영향을 미치도록 노력해야 한다.

이러한 불교 문화재는 스토리텔링이 가능하다. 불령사와 보경사를 중심으로 산사음악회, 불령계곡의 전통 차 체험, 사찰 전통음식 체험을 활성화하여 불교 문화재가 환동해권의 핵심가치로서 지역민과 관광객에게 각인되도록 사회적 분위기 조성이 필요하다. 그리고 이 지역의 문화재를 소개하기 위해서 사찰 박물관을 운영하는 등 환동해권 지역의 적극적 홍보가 절실한 실정이다. 사찰의 문화재 운영은 재정기반이 취약한 상황이므로 질적, 양적 성장을 도모하기 위해서는 충분한 재정적 뒷받침이 필요하다. 불교문화재가 있는 사찰 주변은 자연경관이 탁월하여 관람객 확보 측면에서 여타 문화시설에 비해 높은 경쟁력을 갖는다. 화려한 자연경관과 불교문화재가 연계되어 지역의 정체성을 확립하면서 관광객의 문화적 욕구를 충족하는 매력적인 유인 요소로 개선해야 하겠다.

한편 환동해권 불교 문화재는 특정 분야를 제외하고 불교 관련 연구자가 태부족이다. 이로 인해 불교 문화재의 활용성, 학술적 조사와 연구, 보존과 관리 등에서 심각한 상황에 직면해 있다. 불교 문화재 전문가의 부재로 인해 환동해 지역과 여타 지역 지역의 불교 문화재 사이에 단절성이 초래될 수 있으며, 그에 따라 지역민과 관광객에게 기회와 위협의 요인이 동시에 작용할 가능성이 엿보인다. 전문가는 중장기 불교 문화재의 조사와 연구, 지역과 교류, 보존과 관리, 타 지역과의 협력 등을 통하여 불교 문화재의 활성화 사업을 수행해야 하겠다.

환동해권은 획일적 예산 지원보다 관광객 방문 인원을 고려한 문화예산 증액이 절실할 것으로 판단된다. 특히 불교 관련 예산은 현실적으로 절대 부족하며, 전통사찰 보수 정비와 종교 문화행사, 그리고 글로벌 문화 콘텐츠 제작에 대한 과감한 투자가 어느 정도 필요하다고 생각한다.

③ 호국의 성지, 동해구의 문화재 활성화

동해구는 감은사지와 문무대왕 수중릉, 이견대 일대 지역을 지칭한다. 이곳은 삼국사기와 삼국유사에 자세한 기록이 보인다. 인근에는 기림사와 골굴암 그리고 장항리 사지와 팔조리 석성이 있으므로 선제적으로 홍보한다면, 관광 특화지로 발전할 가능성도 엿보인다. 특히 석굴암에서 기림사와 동해구로 이어지는 순례 코스에 대한 조선시대의 기록이 많이 남아 있어 이에 대한 심층적인 조사도 필요하다.

동해구 장항리 사지는 석탑과 석조 불상 대좌가 현존한다. 이 가운데 후자는 일제강점기에 불상 하부에 중요 유물이 있다는 말을 믿고 불상을 훼손하였다는 주민들의 이야기가 전해진다. 탑신과 옥개석이 현장에 있는 장항리 3층석탑은 2기로 추정되며, 복원이 가능할 것으로 판단된다. 이 사지는 현재까지 사찰의 이름 등 사격을 규명할 수 없으므로 향후 체계적인 조사도 요구된다. 석굴암으로 이어지는 장항리 사지 부근 계곡에서 흐르는 청아한 물과 아름다운 숲은 관광객을 위한 탐방코스로 적극 활성화되어야 한다.

골굴암과 기림사는 동해구 인근에 있다. 골굴암에는 제작 연도가 8~9세기로 추정되는 마애여래좌상이 있어 그로부터 절의 명칭이 붙여진 것으로 추정되며, 지금도 승무도와 템플스테이로 유명하다. 이곳의 대형 바위에는 소형 감실(부처를 모신 굴)이 있어 신비감을 더한다.

기림사는 삼존불상과 국가지정문화재인 건칠보살좌상을 비롯하여 사경 등 많은 문화재를 보관한다. 그리고 경내에는 목탑지와 건축물 그리고 유명한 우물이 있으며, 사찰의 뒷산에는 신문왕이 감은사에서 돌아오는 길에 휴식을 취한 용연 폭포도 있다. 그리고 기림사는 매월당 영정을 모신 곳이기도 하다. 이 절은 임진왜란 시기에 경주부의 중요문서를 보관하였던 곳이다. 특히 매월당과 차나무, 왕의 행차길은 이 지역이 문화유산의 보고임을 뜻하며 따라서 개발 여지가 크다.

한편 팔조리 성터는 양북면 소재지의 동쪽에 인접하여 약 1㎞에 위치한다. 이 성은 전촌리와 감은사에서 침입해 오는 적을 방어하기 위해 쌓은 석성으로서 제작연대는 미상이다. 석성이 위치한 마을의 남쪽 경사면에는 고인돌과 함께 삼국시대 고분이 분포하고 있으며, 동쪽 봉우리는 최근까지 기우제를 지낸 곳이기도 하다. 석성 정상길은 어일리와 이견대 정상까지 이어져 있으므로 경치가 탁월할 뿐 아니라 바다를 볼 수 있는 곳이기도 하다. 이곳은 산의 정상부가 감은사와 이견대까지 이어져 있으므로 산책코스로 개발할 여지도 보인다.

감은사지와 문무왕릉, 이견대는『삼국유사』만파식적에 나오는 유적지이다. 특히 감은사지 동, 서 삼층석탑에서 출토한 사리기는 국보로 지정되었다. 이 절은 나라를 지키기 위하여 처음 이름을 진국사라 하였으나 신문왕이 부왕의 은혜에 보답하고자 절 이름을 감은사로 변경하였다. 문무왕은 나라를 지키고자 동해가에 장사해 달라는 유언을 하였다. 문무왕릉이 과연 신라의 왕릉인지에 대해 학계에 이견은 있지만, 동해가에 장사지냈다는 기록이 있으므로 이에 대한 조사도 병행해야 하겠다. 즉 문무왕릉에 대한 체계적인 스토리텔링이 시급한 실정이다. 또한 이견대 정상에는 조선시대 봉수터 유적지가 있어 해안 봉수대의 잔영을 알 수 있게 한다. 환동해권 봉수는 해안을 따라 장기, 흥해, 울진과 양남면 하서리 등 여러 곳에서 확인되어 조선시대 국방과 운영체계를 이해하는 데 중요한 자료다.

동해구는 연간 수백만 명의 관광객이 방문하는 곳이기도 하다. 그리고 매년 경주김씨들이 해안에서 왕릉에 제사를 지내지만, 주변에는 방문객을 배려한 시설물이 부족하다. 지역을 찾아오는 관광객의 재방문율을 높이기 위한 전략적 방안이 필요하다. 환동해 지역 그리고 나아가 국가 브랜드 제고를 위한다면, 동해구 일대 문화유산의 활용 방안에 대한 목표를 설정하여 사업계획을 수립해야 할 것이다.

최근, 기림사는 차가 재배되고 있을 뿐 아니라 문헌에도 차 재배가 기록되어 있으므로 신라차 행사를 개최하여 전국적인 차문화 축제로 발전시키는 방안도 검토되어야 하겠다. 특히 통일신라시대 왕이 행차하였던 왕의 마차길을 키워드로 부각시켜 용연 폭포와 왕의 휴게소, 신문왕과 효소왕의 담소 내용을 정리하여 동해구를 문화특성화 사업으로 발전시키는 방안도 필요하다. 왕의 길과 기림사 인근의 차 재배지를 연계한 신라 차문화 행사 등 다양한 축제를 개발하기 위해서는 조사와 연구가 필수적이다. 그러나 신라차를 체계적으로 연구하고 기획하는 전문적인 연구 기관은 환동해권에서 찾아보기 어렵다. 수백만 명의 관광객의 재방문율을 높이는 방편은 문화유산의 스토리텔링 구현이다. 가령 신라차 축제와 왕의 마차길은 문화체육관광부가 2020년부터 지방자치단체로 이양하여 탐방로 안내 체계 구축, 문화관광 자원 개발, 국민여가 캠핑장 조성, 지역특화 문화행사 지원사업에 포함될 가능성도 엿보인다. 그리고 신라차 박물관도 건립되어야 한다.

④ 신광면 냉수리비, 울진 봉평비, 고분군 등 신라사 연구 메카

1989년 발견된 냉수리 신라비는 계미년(癸未年)의 간지와 함께 지도로갈문왕(至都盧葛文王)의 명칭이 확인되어 그 연대가 눌지마립간(443년) 혹은 지증왕(503년)으로 추정된다. 이 비는 재산 소유와 사후 상속 문제를 다루는 공문서 성격을 보인다. 당시 사탁부 출신 7명의 전사인(典事人)과 함께 소를 잡아 의식을 치른 뒤 기록한 것이다. 여기서는 사라(斯羅)라는 신라의 국호가 등장하며, 6부 출신 관등과 촌주 관등도 보인다. 그리고 촌주와 도사 등 지방 관직명이 등장하여 신라의 지방 제도를 연구하는데 중요한 단서를 제공한다. 특히 지방 유력자들은 도사에 예속되기보다는 조세 수취권을 인정받았으며, 중요 행사에 소를 잡아 의식을 행하였다는 것 등 신라의 풍속 제도를 알려주는 사료로서 가치가 크다. 냉수리 신라비의 존재는 이 지역이 신라가 동해안으로 진출하는 중요 길목이었음을 보여주는 것이다.

울진 봉평 신라비는 신라 법흥왕11년(524년) 울진 지역에서 신라 중앙에 대한 반란사태가 발생하여 중앙과 삼척지역 대군들이 반란을 진압하였던 사실을 기록하였다. 그리고 책임자에게 장을 내리고 얼룩소를 잡아 제사를 지냄으로써 유사한 일이 재발하지 않도록 했다는 내용을 담고 있다. 이 비는 2008년 울진군 죽변면 봉평리에서 발견되었으며, 여타 신라비처럼 자연돌을 이용하여 총 398자를 새겼다. 첫머리의 갑진년(甲辰年)과 함께 모즉지매금왕과 사부지갈문왕이라는 명칭이 보이며, 비문의 내용은 523년 거벌모라 지역에 대군을 동원하여 일련의 사태를 해결하고 다음 해에 법흥왕과 14인이 합의한 내용을 적었다. 6세기 전후의 신라 지방 통치체제를 이해하는 동시에 육부와 장형, 의례와 관료제도 등 여러 사항을 알려주는 중요한 문화재로서 국보 제242호로 지정되었다.

신광면 냉수리와 울진 봉평비는 신라의 지방 통치를 이해하는 중요한 사료이다. 이는 신라의 지방관리체제와 제례 의식, 형벌 제도, 조세 수취권을 기록한 것으로 다양한 분야의 신라사를 이해하는 척도이기도 하다. 특히 환동해권이 신라와 고구려의 접경지역이었음을 입증할 뿐 아니라 신라의 동해지역 영역 확장 과정을 이해하는 사료적 중요 가치를 지닌다. 아울러 중요한 행사에 소를 잡아 의례를 행한 사실은 당시의 풍속과 의례에 대한 실증적 기록이다.

이처럼 환동해권의 신라 비석은 신라의 통치체제를 이해하고 나아가 신라사를 연구하기 위한 핵심 자료로 평가된다. 그러므로 환동해권 지역을 신라사 연구의

울진 봉평리신라비 (출처: 문화재청)

메카로 자리매김하기 위해 고대사 연구자를 확보하고 학회를 지원하는 방안이 강구되어야 하겠다. 결론적으로 울진 봉평 신라비와 신광면 냉수리 신라비는 지자체에서 철저한 사업계획을 수립하여 현장 맞춤형으로 발전시켜야 할 것이다. 지자체의 문화, 관광 사업의 집행 역량을 강화하여 환동해국립박물관 혹은 도립박물관으로 변화를 도모함으로써 우리 국민의 문화향유권 확대를 이끌어야 할 것이다.

⑤ 신라왕족들이 가장 선호한 동해안 해산물

국립중앙박물관은 일제강점기인 1926년, 1929년 조선총독부박물관이 발굴조사한 서봉총을 2016년~2017년 재발굴 조사하고 출토유물을 분석하여 최근 보고서를 발간하였다. 국립박물관의 재발굴 과정에서 무덤 둘레를 두르는 돌(호석) 주변에 총 27개의 대형 항아리를 배치하였다는 사실을 확인하였다. 흥미롭게도 항아리 내에는 동물 유체(7,700점)와 조개류(1,833점) 그리고 물고기류(5,700점)가 가득하였다. 보고자는 이 대형 항아리들이 무덤 주인을 위해 여러 음식을 준비하여 제사에 사용하였던 제물을 담은 용기로 추정하였다. 남분과 북분 2기의 무덤에서 출토된 상당한 수량의 조개류와 물고기는 돌고래, 남생이, 성게, 복어를 비롯하여 청어와 방어 등 다양한 종으로 분석되었다. 이 가운데 바닷물고기류는 대략 20종류가 있으며, 청어가 단연 최고 수량(35%)을 차지하였다. 이 외에도 복어(2위), 망상어(3위), 참돔(4위), 넙치(5위), 방어(6위), 조피볼락(7위), 볼락(8위), 노래미(9위), 감성돔(10위), 민어(11위), 고등어(12위) 순으로 확인되며, 우럭과 농어도 보인다.

청어는 우리나라의 동해와 일본, 그리고 오호츠크와 베링해 그리고 태평양에 분포하는 어류이다. 이 밖에 동해담치, 큰청홍따개비, 조가비, 가리비, 바지락, 백합, 홍합, 고둥, 소라, 전복, 참굴, 거북손 등 실로 다양한 해산물이 출토되어 환동해의 해양 생태계를 연구하는데 귀중한 자료를 제공하였다. 특히 절반을 차지하는 소형고둥류(26%)와 주름다슬기(24%)는 연구자들의 관심을 끌어들이는 요인이 될 것이다. 보고서에서 동물유체는 경주를 포함한 울산과 포항 지역의 범위안에서 채취와 어류가 가능한 종들로 이루어져 있음을 밝혔다. 특히 굴, 백합, 가무락조개, 바지락 등은 패각의 좌·우 양자가 개폐되지 않고 봉합된 상태였으며, 소라 뚜껑이 다량으로 출토되는 점 등에서 해산물을 통째로 사용되었다고 추정하였다. 그리고 패류가 쉽게 부패되는 점을 참고하여 신선한 해산물이 제수품으로 사용되었을 가능성을 제시하였다.

이 가운데 전복에 대한 추가적인 검토가 필요하다. 일본 나라시대 왕궁지인 평성궁에서 출토된 목간에는 '탐라복'이 기록되었다. 전경수 교수는 이 목간을 8세기(745년)로 편년하고, 고대 일본 왕실에서 한반도 전복이 중요한 물품으로 취급되었다는 견해를 밝혔다. 그리고 최재석 교수는 『정창원 소장품과 통일신라』에서 7세기 후반~8세기 후반까지 45회 신라의 사절이 파견되었다는 사실을 증명하였다. 물론 탐라 전복이 중앙정부에서 일본으로 전해졌는지, 아니면 탐라에서 직접 공급되었는지 아직은 정확히 알 수 없다는 문제가 남아 있다. 그러나 서봉총을 비롯한 적석목곽분에서 전복이 출토되는 점과 일본에서 출토된 목간으로 보아 고신라시대부터 통일신라시대까지 한반도와 일본의 왕실에서 전복을 선호하였다는 추론도 가능하다. 전술한 전복과 환동해 해산물이 신라시대 최고층을 위한 영혼 불멸의 국가 행사인 제사에 사용되었다는 견해에 동의한다면, 이는 브랜딩 키워드로 홍보의 확장 가능 전략 요인으로 강조할 필요성도 있다.

한편 신라에서 대형 항아리는 서봉총을 비롯하여 쪽샘 인근 고분 주위에 보이는데, 이는 당시 무덤의 제사가 일반화되었음을 의미한다. 특히 서봉총 등 신라 중심지에서 출토된 해산물들은 환동해 지역이 최고지배층을 위한 특산물 공급지였음을 보여주는 근거이기도 하다. 상기 열거한 출토품 가운데 대부분의 해산물이 환동해 지역에서 현재까지 생산되고 있다. 이는 이 지역이 무궁무진한 글로벌 문화 콘텐츠를 내재하고 있음을 의미하는 것이다. 신라의 최상류층이 선호하였을 뿐만 아니라 현재도 미식가들이 애호하는 감포의 전복, 과메기는 과거와 현재가 상통하고 있음을 입증하는 산 증거다. 향후 환동해권 해산물은 신라왕족들이 즐겨 먹었던 음식이라는 브랜드로서 홍보의 방향성을 명확히 할 필요가 있다. 특히 환동해 해산물을 핵심 키워드로 활용하여 지역특화 문화행사, 문화관광 자원으로 개발해야 하겠다.

⑥ 환상의 환동해 한옥 홈스테이

환동해권은 울진을 비롯하여 영덕과 포항 그리고 경주 동해안을 중심으로 전통 한옥이 즐비하다. 이러한 한옥은 주변 경관과 어우러져 삶에 지친 도시인들에게 매혹적인 숙박지로 각광을 받고 있다. 그 가운데 영덕과 울진 그리고 경주 인근에는 전통 한옥 문화자원이 풍부하게 남아 있어 전통문화 보급 차원에서 유리한 조건을 갖는다. 특히 주변의 해안과 인접하므로 환상적인 숙박의 본고장으로 거듭 자리매김 해야 하겠다.

울진군은 평해황씨 해월종택을 비롯하여 유상옥 가옥, 장보균 가옥, 윤광수 가옥을 비롯하여 옥계서원과 명계서원 그리고 강면사와 상현사, 구장정사, 반정재 등 무수한 한옥 자원이 남아 있다. 특히 해월종택을 비롯하여 유상옥, 윤광수 가옥 등은 한옥 건축과 자연 운치가 절묘하게 조화를 이루어 가히 홈스테이를 누릴 수 있는 최상의 조건을 갖추고 있다.

영덕군은 환동해권에서도 한옥 건축물이 가장 많은 곳으로 유명하며, 그 가운데 괴시리 마을은 한옥 집단 촌락으로 지정되었다. 영덕군 한옥은 영해면을 비롯하여 창수면, 축산면, 지품면, 병곡면에 위치하여 건축학도들의 연구 주제이기도 하다. 이 가운데 영양남씨 종가와 종택 그리고 고택을 비롯하여 30기가 넘는 한옥이 분포한다. 이 한옥들은 황홀한 환동해 자연과 매칭되어 전 세계 관광객에게 호응도를 높일 수 있는 문화자원으로 평가된다. 한옥에서의 홈스테이와 흥미로운 체험형 요소 그리고 독특한 흥미로움과 함께 자연 속의 힐링은 위대한 문화자산이자 문화적 욕구를 충족시키는 요인이기도 하다.

반면에 한옥 운영의 재정적 기반과 이에 관한 연구와 조사는 그리 만족할 수준에 도달하지 못한 듯하다. 다른 관광지와 차별화된 이미지를 형성하지 못한 요인은 스토리텔링화하지 못하거나 소극적 홍보와 단순한 숙박지 역할만 수행하였기 때문으로 생각된다. 영덕 한옥은 방문객들의 지속적인 요구사항을 충족하면서 조사와 연구를 통한 다양한 문화 공동체들과 콘텐츠를 기획할 필요성도 있어 보인다. 한옥 답사나 좋은 프로그램은 인문학 기초 위에서 창출되기 때문에 이 분야의 역량 강화는 관광객의 선호도와 직결된다. 인문학에 대한 인색한 투자는 모래 위의 한옥에 불과하므로 브랜드와 콘텐츠를 활성화하지 못할 뿐 아니라 문화기반을 허물어 관광객 유치에 장애 요인으로 작용한다.

문화와 관광 분야 사업을 활성화하고 효율성을 재고하기 위해서 중앙정부와 지방자치단체 간 정책분담이 정립되어야 할 것이다. 현장 정보를 기초로 계획을 수립하여 전통한옥체험 숙박시설 운영, 역사를 간직한 전통 문화촌 조성, 지역 문화예술 특성화 사업이 함께 펼쳐진다면, 오감으로 이를 체험한 수용자는 감동으로 교감하여 재방문할 것이다.

3. 환동해권 문화재 개발의 방향성

환동해권은 신석기시대인 기원전 5,000년부터 얕은 바닷가를 중심으로 우리 조상들이 생활하던 지역이었다. 삼국시대에 이 지역은 중앙정부와 긴밀한 관계를 유지하였다. 더욱이 통일신라시대에는 해양실크로드를 통해 동남아시아, 중국과 일본 등과 문물을 활발하게 교류하였던 지역이기도 하다. 따라서 환동해권 지역은 첨단 문물의 수용 창구 역할을 하였다는 추론도 가능해진다.

전술한 것처럼 환동해 지역은 신석기 문화유적을 비롯하여 불교 문화재와 호국의 성지인 동해구, 신라 왕실의 중요 물품인 해산물, 매혹적인 한옥마을 등 문화자원이 비교적 풍부하게 남아 있다. 따라서 새로운 브랜드의 개발을 위해 이를 활용하기 위한 묘책이 필요하다. 이 지역은 이미 '대게'와 '호미곶' 등이 많은 관심을 받고 있지만, 여행이나 맛집에 대한 정보 외에 콘텐츠를 통한 지역 문화 축제 참여는 저조하다. 글로벌 관점에서 환동해권 지역의 혁신적인 브랜드가 필요할 것이며, 국내·외 관광객이 선호하고 즐길 수 있는 전략 수립이 요구된다.

환동해권 문화재 브랜드 개발을 위해서는 우선 관광객의 흥미를 사로잡는 체계적인 스토리텔링 구축이 시급하다. 즉 새로운 흥미나 감동을 각인시키는 문화사업이 절실하다. 이를 위해서는 특히 기림사 인근 신라차 박물관, 영덕 괴시동의 한옥 박물관, 울진 국립환동해박물관, 신석기박물관의 건립이 검토되어야 하겠다. 박물관은 단순한 전시공간이 아니라 적극적인 교육, 관련 기관 간 정보공유와 외연 확대, 자료의 수집과 스토리텔링을 제작해내는 문화생산 공장이기 때문이다. 특히 한옥박물관은 핵가족화에서 발생하는 문제점을 해결하는 공간, 지친 삶을 재충전하는 활력소, 가족 구성원 간 유대강화의 공간 등 순기능 역할을 할 것이다.

한편 환동해권 지역 주민들의 참여를 유도하고 관람객과 적극적으로 소통하며 이용 편의와 만족도를 높이는 홍보전략이 필요하다. 더불어 관람객의 시각을 사로잡는 문화상품 개발, 흥미를 느낄 수 있는 전시기획, 함께 참여하는 교육프로그램 개발, 미디어 영상 아트, 디지털 전시를 통한 재방문율을 높여야 하겠다. 이를 위해서는 환동해권이 단순히 관광, 맛집 방문을 유도하는 단순 여가 공간을 탈피하여 다양한 문화 콘텐츠, 문화유산과 연계된 지역이라는 인식의 변화가 필요하다. 환동해권 홍보 마케팅은 신라차, 한옥촌, 신석기체험, 왕의 길, 환상의 해안길, 신라왕들이 즐긴 해산물을 수단으로 다양한 범위에 걸쳐 맞춤형 서비스로 제공되어야 한다. 이를 위한 홍보전문가 초빙, 경쟁력 있는 콘텐츠 개발, 빅 데이터 분석·활용을 위한 예산 확보가 절실하다.

환동해권이 지닌 문화재 중요성을 감안한다면, 지금까지 이 지역이 경주와 여타 지역에 비해 상당히 소외되었던 사실을 인정하지 않을 수 없다. 우선 이 지역은 인문학과 관련한 연구소가 열악하여 이로 인해 인문학적 투자가 거의 이루어지지 않았음을 누구나 인정하며, 이에 대한 대책이 절실하다. 문화, 관광산업을 육성하기 위해서 역사와 인문분야의 조사와 연구는 필연적이며, 이는 브랜드의 개발과 방향성 그리고 사업추진 방안을 수립하는 기초자료가 된다. 먼저 대게 맛 여행과 아름다운 바닷가를 키워드로 관광객들의 호기심을 자극하여야 한다. 관광객의 방문통계를 철저히 분석하여 문화와 음식과 천혜 절경을 함께 조화시킬 인프라 구축이 시급하다. 특히 울진 불령사의 계곡과 보경사의 화려한 단풍 그리고 맛과 건강을 책임지는 환동해 대게와 해산물, 멋들어진 밤의 별과 향기로운 공기 그리고 촌로들이 들려주는 아름다운 이야기꽃이 피는 한옥 홈스테이는 울진과 영덕이 가진 일급 문화자산이다. 현재는 모든 것이 분리되어 단순 운영되고 있을 뿐, 이를 연구하고 기획하여 고급 상품으로 만드는 컨트롤 타워가 절실하다. 지금 상황에서 관광객에게 무엇을 전달하고 마음에 담아갈 수 있는 선물을 줄 수 있겠는가?

전술한 신라차와 신라 왕족들이 즐긴 환동해 해산물, 전 국민이 선호하는 대게, 한옥 홈스테이는 문화상품으로 개발이 용이하다. 대게를 이용한 건강식품 개발과 열풍이 불기 시작한 신라차(전통차) 체험과 행사를 자치단체에서 적극적으로 지원하고 홍보한다면, 대규모 행사로 발전할 가능성이 농후하다. 식당에서 단순하게 판매하는 해산물, 산과 사찰을 구경하는 등산객과 고품질의 문화상품이 없는 지역에서 부가가치 유발이나 고용 유발 인원 등 경제적 파급효과를 기대하기는 어렵다.

전술하였듯이 환동해 지역은 문화와 함께하는 고품격 대게 행사, 신라 차 박람회, 바닷가 한옥 축제, 동해 신석기 페스티벌, 왕의 길 탐험과 동해 해산물 축제 등 다양한 행사 기획이 가능함을 확인하였다. 이는 이 지역이 문화의 다양성으로 인해 미래 지향적인 특성화에 유리하다는 사실을 증명한다.

결론적으로 환동해 지역은 문화 환경과 기반은 충분한 가치를 지니고 있음에도 불구하고 그간 관심 소홀과 선제적으로 운영하는 컨트롤 타워 부재로 대규모의 행사를 추진하지 못한 듯하다. 환동해는 여러 문화가 복합적으로 나타나는 지역이다. 그러므로 이 지역은 역사와 문화를 종합적으로 다루고 연구와 고증 작업을 꾸준히 병행한다면 문화, 관광 상품으로서 성공 가능성을 엿볼 수 있다. 모두가 공감하는 매력적인 아이템 개발은 우수한 전문가와 이

신돌석 의병장 초상화

를 지원하는 행정력의 결과물이며, 이는 관광객의 욕구를 충족시키는 원천이기도 하다. 모두가 공감하고 문화가 접목된 고품질 콘텐츠는 주민과 자치단체가 협력할 때 가능하다. 그리고 중앙정부의 재정적 지원은 동해안을 방문하는 국민들의 문화향유권을 확대하고 삶을 재충전하는 중요한 동기이기도 하다.

전술한 차별화된 문화, 특성화를 위한 지역 경쟁력을 확보하기 위한 핵심은 환동해 지역을 연구하고 체계적으로 조사를 진행하는 것이 최선이다. 그러기 위해서는 우선 역사, 문화재, 민속, 건축과 해양 분야 조사와 연구를 위한 국립환동해박물관 혹은 전문연구기관이 조속히 설립되어야 한다. 아울러 관광인프라 구축, 홍보와 행사 전문인력도 확보되어야 한다. 강조하지만 환동해권 지역 행사는 문화에 기반을 둔 정선된 콘텐츠로 기획한 사업만이 관람객의 관심을 얻을 수 있다.

끝으로 이 지역은 역사와 문화 그리고 해양과 자연환경이 어우러지는 곳이라는 정체성을 갖는다. 그러므로 환동해다운 소비자를 위한 아이덴티티를 반영하여 스토리텔링을 기획하는 것만이 경쟁력을 담보할 것이다. 방문객에게 해양이나 바다와 대게는 힐링 차원의 편안함에서 유리하겠으나 향후 관광 연령층의 소비 패턴을 개선해 나갈 필요가 있다. 즉 대게를 중심으로 한 관광명소 차원이 아니라 인지도를 제고하여 문화관광 친화적인 요소를 보다 강화할 필요성이 요구된다. 지난날 전두환 정권 시절 위로부터 강요된 '국풍81' 행사와 같이 문화와 역사에 기반을 두지 않은 대규모 행사는 생명력과 지속성을 보장받지 못한다. 환동해권 정체성에 집중력을 모으고 동해안 해안 지역을 포괄하는 사실적 관점에서 미래 유산을 계승하는 핵심 이념을 정립해야 할

포항 농촌전통테마마을 초롱구비마을 전경 (출처: www.go2vil.org)

것이다.

환동해권이 가지는 전통적 역사와 문화를 다음 세대에 계승하기 위해서는 현재의 기초자료 조사와 연구를 체계적으로 진행하는 것이 최선으로 판단된다. 문화 소비층은 가치 지향적이고 감동적인 이야기와 함께 흥미로운 스토리텔링을 요구하는 다양화 추세를 보인다. 그저 즉흥적이고 단순한 행사와 프로그램은 그들에게 외면받을 것이다. 그리고 문화는 인간에게 따뜻한 휴식과 편안한 소통 그리고 다정함을 오래도록 기억하는 역할을 한다. 대게와 아름다운 해안에 문화재를 접목하여 생명력을 불어넣는 행사의 기획력은 담당자의 많은 고민과 엄청난 열정이 요구된다. 그럼에도 우리는 문화유산에 투자하지 않으면서 글로벌과 미래 지향성 그리고 흥행성을 기대할 수는 없음을 명심해야 한다.

영덕 축산항의 역사성과 발전방향
- 공간성의 사회·문화적 구성을 이해하기 위한 시론

김인현(고려대학교 법학전문대학원 교수)

1. 들어가며

나의 고향은 경북 영덕군 축산항이다. 축산항은 현재 행정적으로는 경북 영덕군 축산면 일대의 항구를 중심으로 한 지역을 말한다. 좁게는 축산1동, 2동, 3동을 말하지만, 경정 1동과 2동 그리고 사진 3동도 축산항의 경제권에 속한다.

영덕북부수협(구 축산수협)이 대표적인 관공서이다. 축산면 출장소가 축산항에 독립된 형태로 존재한다. 영덕의 해안가를 연결하는 블루로드에서도 죽도산을 중심으로 하는 축산항이 가장 아름다운 곳으로 알려져 있다.

높이 약 200미터의 죽도산이 남북으로 서 있어 동해안의 파도와 바람을 막아주고 있다. 죽도산을 마주 보고 섰을 때 북으로는 와우산이, 남으로는 말미산이 자리하고 그 사이로 멀리 상원과 도곡 등을 거친

오늘날의 축산항 전경

강물이 모여 축산천을 이루고 동해바다로 흘러 들어간다. 축산항은 위 3개의 산이 만든 공간에 자리하고 있다. 죽도산이 섬으로 존재하던 시절 축산천은 현재의 축산항으로 흘러내렸다. 그러나 1920년대 일본인들이 들어와서 축산제방을 만들고 강물을 남쪽 모래사장 쪽으로 바꿈으로써 오늘날의 항구가 형성되게 되었다.

2. 축산항 역사 개관

축산항은 고려 말 1380년경부터 수군만호가 있던 곳이다. 축산항은 동해안에서 울릉도를 제외하면 연안에 있는 유일한 섬이었다. 그렇기 때문에 항해자들에게 아주 좋은 물표로서 기능했을 것이다. 동해안

에 이르러 섬을 하나 발견하고 여기에서 육지로 올라가면 바로 영해부가 나오고 북서로 진격하면 안동과 서울로 올라가게 된다. 이보다 좋은 공격의 요충지도 없었을 것이다. 이런 연유로 왜구들의 침탈이 줄을 이었다. 1384년(고려 우왕 10년) 왜구가 쳐들어와 큰 피해를 보게 되었다. 역사서에는 이때 고려 우왕이 경주부사와 안동부사에게 명하여 방어기지로서 축산성을 쌓게 했다는 기록이 나온다. 고려말부터 영해부의 축산포에는 만호가 기거했다. 지금도 축산1동에는 축산성 성곽의 흔적이 마을 담장으로 남아있다.

축산항은 또한 동해안의 주요 해운항으로서 제 역할을 충실히 해냈다는 것도 역사서를 통하여 확인된다. 1812년 순조실록에 따르면 쌀 1만 3천 석이 축산포에 침몰한 것으로 보고되었다. 풍랑을 만나서 그렇게 되었다는 것이다. 축산항에서 출발하는 쌀이었는지 아니면 중간기항지로서 축산항이 있었는지는 알 수 없다. 강원도에 흉년이 들자 구휼을 위해 선박에 쌀을 싣고 가려다가 실패한 것이었다. 축산항은 영해부에 속하고 10리 길인 영해부의 들판은 곡창지대이다. 여기에서 나는 쌀을 세금으로 받았다가 이를 중앙으로 이동시키지 않고 흉년이 난 경우에 규휼을 할 목적으로 저장하였다가 교통이 나쁜 강원도로는 이렇게 선박을 이용해서 운반하는 조운이 있었다고 한다.

이보다 앞서 1512년(중종 7년) 흥해와 영해의 축산포에 이르는 조운을 연결하려고 하였다가 풍랑으로 실패했다는 보고도 실록에 나온다. 이를 미루어보면 동해안의 곡창지대인 흥해와 영해에는 이런 비상용 조운이 행하여졌던 것을 알 수 있다.

축산항의 항공 사진 (출처: 한국어촌어항공단)

3. 양천세헌록에 나타난 당시의 사회상

축산항을 가려면 도곡에서 염장이라는 곳을 돌아서 좌로 90도로 꺾어서 들어가야 한다. 그 회전지점에 정효각이라는 정자가 서 있다. 여기에는 (신)안동김씨 판관공파 김병형과 김성균이라는 양대 부자에 관한 비석이 서 있고, 안에는 몇 개의 현판이 붙어있다. 그리고 누각의 정면에는 붉은 글씨로 정효각이라 적혀있다. 그 편액의 글씨는 민규호 좌의정이, 현판은 김병조 예조판서가 적은 글이다.

1830년대를 전후하여 축산 2동(염장 혹은 양장)에 1630년경 안동에서 내려온 안동김씨 판관공파 자손들이 살고 있었다. 김병형은 그 아버지에게 아들인 김성균은 그 아버지인 김병형에게 귀감이 되는 효도를 했다. 그리고 손자인 김제진도 효성이 뛰어났다. 한 집안에 대를 이어 3대 효자가 난 것이다. 이에 유생들이 상소를 올리기 시작했다. 1830년대에 시작한 상소운동이 1860년대에까지 이르렀다. 약 30년에 걸친 운동의 결과가 정효각으로 남았다.

이와 관련된 기록들이 그 집안에 전해 내려져 왔다. 이 내용을 책자로 모은 것이 양천세헌록이다. 양천(陽川)은 축산2동(염장)의 옛 이름이다. 이 책은 정효각 관련 상소문의 모음과 김제진과 김관진의 편지와 문장 모음 두 가지로 나누어볼 수 있다.

상소문 관련

상소문을 통하여 당시에 영덕지방에 살았던 사람들의 성함을 확인할 수 있다. 영해지방을 중심으로 하는 유림들은 이와 관련 23차례의 상소를 올렸다. 영해부사를 통하여 경상관찰사에게 올리는 것이었다.

상소문이 정부에 접수되자 정부는 다시 관찰사에게 명하여 이런 사실이 있는지 확인하라고 지시한다. 확인을 받은 다음, 정부에서 표창이 내려졌다. 각 마을을 지나다 보면 정자 같은 곳에 효자각이나 열녀비 등이 있지만, 이렇게 정부로부터 표창을 받는 것은 아주 드물고 힘든 것이었음을 알 수 있다.

일이 처리가 잘 되지 않자, 1853년 김제진은 직접 조정에 쳐들어가기까지 한다. 그는 도승지에게 누가 되리라는 것까지 알아내어 아버지

영해향교 명륜당 (출처: 문화재청)

에게 편지로 보고한다. 그리고 1856년 예조판서 남병철을 만나러 직접 그의 집무실에 갔다가 내침을 당하여 화가 난 상태라서 그런지 그의 성격을 부정적으로 평가한 글도 나온다.

영덕·영해지방에 1830년대에서 1860년대까지 학식으로 신망이 높았던 박영찬 선생의 이름이 많이 보인다. 1860년대 염장과 경정동의 15인 혹은 20인의 성함이 모두 명기되어 있고, 이들이 족보상 동일 가문임이 확인되기도 한다. 염장의 수안김씨들은 자신들의 고조부 분들의 성함이 족보에서 확인된다고 말한다.

예조완문이라는 공식문서가 작성되어 영해부사에게로 내려왔는데 송라의 역참에 보내는 서류로 되어있다. 송라까지 파발이 되어있었다는 말이다.

안동 김씨 집안과 영해지방 유생들이 그렇게 달성하고자 했던, 정부로부터의 표창은 결국 1854년 아들 김성균에게 먼저 내려지게 된다. 그다음 아버지 김병형이 사망한 다음 1857년 정려가 내려진다. 김성균에 대한 정려는 다시 내려지지 않았다. 1867년 양대에 대한 비석이 세워졌다.

아쉬운 점은 증직을 받지 못했다는 점이다. 효자로 정려를 받게 되면 증직이 반드시 따라오는 것이 상례였는데 어찌 된 연유에서인지 증직을 받지 못하고 미완이 되었다.

편지글

이 양천세헌록의 백미는 주인공들인 김제진과 그 동생인 김관진이 사대부들과 주고받은 편지글에 있다. 어떠한 연유인지 알 수 없지만 벼슬을 하지 않은 김제진이 전라도관찰사에다 예조·이조판서까지 두루 지낸 김병교 대감과 교우를 한다. 김병교 대감으로부터 받은 편지가 5통 남아있다. 그리고 그의 사위인 원석우에게 받은 편지글도 많이 남아있다. 날짜가 모두 적혀있어서 언제 어디서 무슨 일이 일어났는지 알 수 있게 한다. 1859년 7월에 남긴 김용진이 보낸 편지에 따르면 김병교 대감의 처남이 영해부사로 부임한다는 내용이 있다. 영덕군지에 의하면 파직된 이건춘 부사에 이어 1859년 7월에 부임한 영해부사는 이준재(李俊在) 부사이다. 그로써 두 사람이 인척간임을 알 수 있다.

1839년 영덕현감 이장우는 3통의 편지를 남기고 있다. 서울에 기거하고 있던 이장우에게 김제진은 명란을 보냈다. 1월이었다. 그는 아주 맛있어서 밥을 많이 먹었다는 감사의 편지를 보내왔다. 영덕지방의 명란이 선물로 보내어진 최고(最古)의 기록은 1839년이 된다. 그는 또

다른 편지에서 영덕현감의 일이 무척 힘이 든다는 점을 암시한다. 이 때는 영해에서 서인과 남인이 향교를 중심으로 크게 싸움을 벌일 때였다. 영해지방은 남인 지방이었지만, 서인인 최명현 부사가 취임하면서 서얼 중심의 서인들을 중용하자 토착세력이었던 남인들이 들고일어난 사건이다. 이에 정부는 사건을 처리하기 위하여 이장우 영덕현감에게 이 사건을 조사할 것을 지시하였다. 1839년에 일어난 이 사건은 경자향변(영해향변)이라고 부른다. 1840년 최명현 부사는 파직이 된다. 이장우 현감은 김제진에게 그의 지인이 담양에서 빗을 팔러 축산항에 가는데 잘 보살펴 달라고 말한다. 아마도 정치인들이 보부상과 연결된 것으로 보이고, 축산항이 당시에는 상당한 상권이 형성될 정도의 어항이었다는 것도 알 수 있다.

김제진은 비록 (신)안동김씨 판관공파의 후손으로 당시 세도정치를 하던 장동김씨들과 가깝기는 하지만, 현직의 벼슬을 하지 않았고, 윗대에서도 그렇다. 어떻게 하여 고관대작들과 소통하면서 많은 편지글을 남기고 있는지 의문이다. 당시 전라감사, 이조와 예조의 판서를 지낸 김병교 대감과의 교우로 인하여 많은 글이 남게 되었다. 이런 인연으로 김병교 대감은 1867년 정효각 안에 현판의 글을 써주게 되었고 그 글이 150년이 지난 지금도 남아있다. 그 외에 안동과 영해지방의 지식인들과 주고받은 편지글도 여러 편 남아있다.

고관대작이라도 벼슬이 없는 김제진에게는 깍듯한 표현을 한 것을 보면, 벼슬과 무관하게 유학자들을 높이 평가하고 그에 합당하게 대우하던 당시 풍습을 알 수 있다. 편지글이 오갈 때는 꼭 선물이 동반되었는데, 김제진 집안에서는 김, 명란 등 생선을 서울로 보냈고, 서울에서는 붓, 양초, 부채 등을 보내왔다.

현재 축산항은 항구가 있지만, 죽도산이 과거 섬으로 되어있었다는 것은 대동여지도에도 나오는 공지의 사실이다. 그런데, 편지글에 의하면 축산을 아름다운 호수로 표시한 것도 있어서 당시의 모습을 어느 정도 짐작하게 한다.

비석을 세우는데 남포에서 운반을 해오면서 운임을 받지 않았다고 한다. 남포는 황해도에도 있지만 충청도 보령의 옛 이름이기도 하다. 무거운 비석을 무엇으로 운반했을까? 남해를 돌아서 오는 뱃길이 있어서 선박으로 이동해왔을 수도 있을 것이다.

기타 글

김관진이 남긴 상량문이 있다. 동서남북을 향하여 축문을 적어서 조상님들에게 무사안위를 비는 내용의 글이다. 집이 세워지는 지점에서 동서남북을 향한 모습을 그린 것이 나타난다. 그 내용에 따르면 새로 지워지는 건축물은 축산항의 어느 지점일 것으로 보인다.

김관진은 1863년 영덕 직천의 영해신씨 사위를 보았는데, 그로부터 채 1년이 되지 않은 1864년 사위를 병으로 잃었다. 이때 사위의 나이가 15세였다. 김관진이 그때 애도문을 남겼고 1866년에도 애도하는 제사의 글을 남겼다. 그의 글에서 요절한 사위를 그리워하는 마음이 절절하게 묻어나, 당시 양반 사회를 지탱한 인간의 도리를 알게 한다.

정효각과 양천세헌록의 의의

양천세헌록은 경북 영덕군 축산항에 3대 효자가 났고 이를 기리기 위하여 영해지방을 중심으로 경상도 및 충청도 등의 유생들이 30년 동안 노력한 결과 정효각이 탄생하였음을 말해주는 것이다. 1630년경에 안동의 소산에서 영해부 남면으로 내려온 (신)안동김씨들은 벼슬은 하지 못했지만, 당시 양반으로서 지켜야 하는 효를 다하는 전통을 이어오고 있었다. 3대 효자가 났고 그 효행이 영해·영덕지방에 널리 알려지면서부터 염장의 (신)안동김씨는 명문으로 인정받게 되었다. 그후 이 집안은 1900년대를 전후하여 천석군 2명(창진·정한), 진사 1명(승한), 도의원 3명(정한·용한·수영), 군수 1명(호동), 외손으로서 한국원 국회의원, 정수창 상공회의소 회장, 한용호 대우건설 사장을 배출하게 되었다. 모두 조상이 남긴 효행의 후광을 후손들이 입은 것이다.

김병교 대감은 1867년 정효각 현판에 글을 남기면서 "효도는 모든 행실의 근원이며, 지금 그대 집에서는 아버지가 이미 효도했는데 아들이 또 효도하여 대물려 아름다움을 잇고 포상을 거듭 받아 하나의 정각에 두 개의 비석이 바닷가에 밝게 비추고 광채가 백대에 빛나니 장

영덕 충효당 종택(盈德忠孝堂, 중요 민속 자료 제168호) (출처: 문화재청)

차 세상 교화에 보탬이 될 것이라 멀리 생각해보니 동해의 관광객들 중 이 정각에 오르는 이들은 효도와 공경의 마음이 뭉클하게 생겨날 것이오. 일찍부터 듣기를 효도하고서 창성하지 않은 이는 아직 없다는 말이 있소"라고 썼다.

활용계획

축산항은 755년(신라 15년 경덕왕) 영양 남씨 시조인 당나라 안렴사 김충이 조난 후 축산항에 도착한 사실, 고려말부터 존재했던 축산성과 만호관아 그리고 봉수대, 효의 상징인 정효각과 그 이야기인 양천세헌록으로 유명하다. 축산항을 중심으로 왼쪽으로 5분간 가면 도곡이라는 곳이 있다. 여기는 임진왜란 때 구국의 영웅인 무안박씨 경주부윤 박의장의 종가집이 있는 곳이다. 그리고 축산항에서 오른쪽으로 해안을 따라 10분을 가면 관어대가 나온다. 관어대에서 다시 도곡

동해안로 축산항 입간판

쪽으로 방향을 잡으면 영해 시내를 지나게 되고 그 좌우에 괴시마을과 인량(나라골)이 있다. 모두 영양 남씨와 재령 이씨 집성촌이 있는 곳으로 양반촌이다.

축산항은 어항이기 때문에 싱싱한 생선을 먹을 수 있다. 그리고 영덕대게의 원조이다. 축산항의 죽도산에 있는 대나무와 같이 다리가 길다고 하여 붙여진 이름이 대게이다. 양천세헌록에도 나왔듯이 1830년대에 이미 명란이 지방 특산물로 서울에 선물로 보내어졌다. 이런 해산물을 중심으로 하는 바다와 아름다운 자연환경, 그리고 유교문화를 결합한 해양관광지로 축산항-관어대 일대를 개발하면 좋을 것이다. 양천세헌록은 이러한 해양관광에 스토리와 품격을 더해주는 책자로서 가치가 높다.

해양과학과 동해

김윤배(울릉도독도해양연구기지 대장)

동해, 남해, 서해로 이루어진 대한민국 해양영토가 담고 있는 해수 중 약 52%를 담고 있는 바다. 대한민국 섬 중에서 본토로부터 가장 멀리 위치한 독도를 품고 있는 바다. 애국가의 첫 소절에 등장할 정도로 한민족에게 각별한 바다. 1만 8천 년 전 해수면이 현재보다 약 130미터 낮았을 때 한반도 해역 중 유일하게 광활한 호수였던 바다. 평균수심이 1700미터에 육박하며 최대수심 4000미터에 이르는 심해의 바다. 전체 해수 중 약 90%가 빛이 거의 도달하지 않는 수심 200미터보다 깊은 곳에 위치하여 해수의 90%가 수온이 섭씨 2도 이하일 정도로 냉장고보다 더 차가운 바다. 63빌딩 전체를 불과 0.3초 만에 채울 수 있을 정도인 초당 약 260만 톤의 해수가 끊임없이 유입되고 빠져나가는 역동적인 바다. 1849년 한 해 동안 최소 130척의 미국 포경선이 활동할 정도로 고래가 풍부했던 바다. 일본과 표기 문제를 놓고 뜨겁게 열전을 펼치고 있는 바다. 우리나라 수출입 물동량의 99.6%를 차지하는 해로 운송 항로 중 미주대륙으로 가는 최단거리 해운 항로가 거치는 바다. 전 세계 해양과학자들이 축소판 대양(miniature ocean)이라 부르며 기후변화연구에 최적의 실험실로 주목하는 바다. 이미 짐작했겠지만 그 바다는 동해이다.

역사적으로 동해는 잊혀진 바다였다. 해동성국으로 불렸던 발해시대에 일본과 공식 사절만 34차례에 이르는 왕성한 교류가 증명하듯 동해를 적극적으로 활용해 왔지만, 발해 멸망 이후 동아시아 각국의 문명교류와 교역은 주로 황해와 남중국해를 중심으로 활발했고 동해는 상대적으로 잊혀진 바다였다. 부산에 위치한 국립해양박물관의 시대별 한반도 해양교류사 전시물을 보노라면 고려, 조선 시대의 동해는 남해나 서해와 비교하면 사실상 비어있는 바다이다. 그러나 근대에 들어오면서 동해와 환동해 지역의 지정학적 요건은 동해를 새로운 발견의 장소로 거듭나게 하였다. 지리적으로 동해는 남한과 북한, 러시아와 일본으로 둘러싸인 국제수역이라는 특성상 국가간 이익의 충돌이 첨예하게 진행되어왔다. 독도로 상징되는 해양영토의 충돌은 물론이요, 심지어 바다의 명칭까지 첨예하게 충돌하고 있다. 여기에 더해 매년 2000척 가까운 오징어 쌍끌이 배들이 북한을 등에 업고 동해에 진출하고 있는 중국은 물론 미국까지도 동해에 이해관계가 얽혀 있다. 그 충돌 양상은 동해 남쪽과 북쪽의 표층 바닷물이 각각 따뜻한 난류와 차가운 한류로 채워져 첨예하게 서로 전선을 이루는 동해의 표층 해수분포와도 절묘하게 닮아있다.

사실 많은 사람들이 동해의 범위를 남쪽으로 부산 근처부터 북쪽으로 강원도 고성 정도까지 그리고 바깥으로는 독도까지의 바다로 생각하는 경향이 있다. 물론 이 면적 또한 남한 면적의 1.2배에 달하는 넓은 면적임이 사실이다. 하지만 이 정도의 규모는 남·북한, 러시아, 일본으로 둘러싸인 동해 전체 면적의 불과 약 12%에 해당하는 바다이다. 동해에 대한 올바른 이해의 출발은 바로 12%의 동해를 100%의 동해로 확장하는 데서 시작되어야 한다. 단적인 예로 매년 여름철이면 경북 동해안을 중심으로 발생하는 냉수대로 적잖은 피해가 발생한다. 이 냉수대를 이해하기 위해서는 남풍의 바람과 함께 러시아 및 북한 연안을 따라 남하하여 심지어 부산 앞바다까지 남하하는 북한한류에 대한 이해가 필수적이다. 인간이 그어놓은 경계를 거침없이 넘나들고 있는 오징어, 명태 등 수산물의 자원량을 보호하기 위해서도 동해 전체에 대한 이해가 필수적이다. 1980년대 러시아 핵폐기물 동해 투기 사태로 상징되는 해양오염 문제는 물론이요, 동해 전체의 해수 순환과 직결되며 전 세계 최고 수준으로 상승 중인 동해의 표층 수온 상승 또

독도 실시간 해양관측부이 점검 모습

한 더더욱 12%의 동해가 아닌 100%의 동해를 필요로 한다.

남·북한, 러시아, 일본으로 둘러싸인 동해는 더 이상 잊혀진 바다가 아님은 물론이요, 새롭게 발견되고 있는 뜨거운 생명체이다. 또한 동해가 갖는 중요성을 바탕으로 각국이 협력하고 경쟁하는 바다이다. 기후변화와 해양오염은 국가간 협력의 대표적인 주제이다. 특히 기후변화 문제에서 동해가 차지하는 중요성은 각별하다. 동해가 대양에 비해 규모는 작지만 그린란드 해역 및 남극 주변에서 심층수가 형성되는 것처럼 동해에서도 러시아 블라디보스토크 인근 해역에서 심층수가 자체적으로 형성되는 등 대양과 유사한 해양현상이 존재하기 때문에 전 세계 해양학자들은 동해를 축소판 대양이라 부른다. 또한 기후변화와 연관된 컨베이어벨트라 불리는 전 지구적 해수순환의 주기가 1000년 이상 걸리는 데 비하여 동해는 약 100년 정도로 짧으므로 동해는 전 세계 기후변화를 연구하는 최적의 실험실로 인식되고 있다. 전 세계 기후변화에 대한 기여 때문에 2008년 노벨평화상을 공동 수상한 유엔 정부간기후변화위원회(IPCC) 4차 보고서가 기후변화연구의 대표적인 바다로 동해를 소개한 것은 결코 우연의 일치가 아니다.

이러한 기후변화와 해양오염을 놓고서 동해는 국가간 협력의 대상이지만 때로는 동해가 갖는 자원적 중요성 혹은 잠재된 가치 때문에 첨예한 충돌의 대상이 되기도 한다. 그 충돌의 정점에 울릉도의 부속섬 독도가 있다. 사실 섬의 중요성은 섬 자체에 있기보다는 배타적 경제수역의 기점으로서 광활한 해양영토와 그에 부속된 자원을 확보할 수 있다는 데 섬의 진정한 가치가 있다. 일본 남쪽 태평양 한가운데 일본의 오끼노토리시마가 있다. 전체 면적이 가로세로 3미터에 불과한

이 암석을 일본은 대대적 보강 공사를 통해 일본 본토 면적의 66%에 해당하는 25만 제곱킬로미터의 대륙붕을 주장하고 있다. 비록 섬이 아니라 배타적 경제수역의 기점이 될 수 없는 바위라는 점에서 일본의 주장은 억지에 가깝지만, 섬의 가치를 극명히 보여주는 좋은 사례이다. 울릉도와 독도는 단순히 눈에 보이는 섬이 전부가 아니라 그 섬이 품고 있는 광활한 해양영토와 자원에 섬의 진면목이 있다.

최근 한국해양과학기술의 발달은 동해가 심해라는 특성상 그동안 미처 발견하지 못했던 동해의 해저 자원들에 대한 발견을 가능하게 하였고, 또한 동해 해양생태계 연구 결과는 동해 해양생태계의 비밀을 풀고 있다. 왜 반구대 암각화는 울산에 위치하였고, 왜 울산 앞바다에는 고래가 풍부하였을까? 왜 경주의 감포, 울산에 이르는 우리나라 동해 남부 해역은 예부터 청어, 멸치, 오징어 등 수산물이 많이 잡히기로 유명했을까? 왜 울산과 감포 연안은 여름철이면 때때로 표층수온이 섭씨 10도에 가까울 정도로 차가워질까? 왜 동해남부 연안에는 여름철이면 바다 안개인 해무가 자주 발생할까? 바다와 수산물에 관심 있는 사람이라면 누구나 한 번쯤은 가져봄 직한 의문이다. 울산, 감포를 중심으로 한 동해 남부 해역은 6월부터 9월 초 사이에 계절적으로 남서풍의 바람이 자주 부는 해역이며, 남서풍이 불고 나서 하루나 이틀 후에 냉수대가 주로 발생한다. 이러한 남서풍의 바람은 또한 구룡포-부산에 이르는 해안선의 방향(북동-남서)과 일치하여 연안의 표층 바닷물을 외해로 밀어내기 쉬운 특징을 갖게 하며, 연안에서는 표층 바닷물이 외해로 움직이는 것을 보상하기 위해 저층의 고인 물이 연안 쪽의 표층으로 올라오는 용승 작용이 바로 냉수대 발생 원리이다. 이러한 감포-울산 바닷물의 용승은 단지 표층의 바닷물을 차게 하는 역할에서 그치지 않는다. 일반적으로 연안 용승은 어장 형성에 매우 유리한 조건을 만들어준다. 세계적인 어장인 페루-칠레 및 북서 아프리카 해역의 어장 형성 이유 또한 연안 용승과 관련된다. 영양염이 풍부한 저층의 바닷물이 이 용승을 따라 표층 근처로 올라온다. 표층으로의 영양염 공급은 주변에 비해 높은 생산력을 유발한다. 높은 생산력은 동물 플랑크톤에게 풍부한 먹이를 제공함으로써 동물 플랑크톤 개체 수의 높은 증가를 불러일으킨다. 이어 그러한 높은 동물 플랑크톤 분포가 동물 플랑크톤을 먹이로 하는 오징어, 멸치 등 어류의 번성을 불러일으킨다. 그러한 번성의 대열에 동물 플랑크톤이나 소형어류 등을 먹이로 하는 귀신고래 등 고래류도 포함됨을 짐작할 수 있다.

바닷물이 동해 내에서 용승한다면 필경 어디에선가 침강해야 균형이 맞을 것이다. 감포-울산 해역이 동해의 대표적인 용승 해역이라면, 그 옛날 발해의 영토였던 러시아 블라디보스토크 인근 해역이 동해의

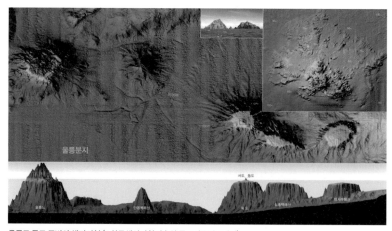

울릉도·독도 주변의 해저지형 (ⓒ한국해양과학기술원 독도전문연구센터)

대표적인 침강 해역이다. 시베리아의 겨울철 매서운 바람으로 인해 차가워지고 결빙으로 인해 밀도가 높아진 표층의 무거운 바닷물이 이곳에서 심층으로 가라앉는다. 동해 해양심층수의 기원인 셈이다. 동해의 침강과 용승 작용이야말로 동해 역동성의 대변인이다. 침강과 용승으로 인해 동해의 심해가 쉼 없이 움직인다. 독도 인근의 무려 수심 2000미터 심해에서도 매 순간 사람걸이(어른의 걸음걸이 속도)에 가까운 바닷물의 움직임이 지속되는 것도 이 때문이다.

과학기술의 발달에 따라 앞으로 더 드러나게 될 동해의 숨겨진 가치와 작동 원리가 사뭇 기대된다. 그래서 그동안 본토와의 접근성 때문에 동해 해양연구의 변방이었던 울릉도에 경상북도와 울릉군, 한국해양과학기술원이 협력하여 2014년 설립한 울릉도독도해양연구기지가 울릉도와 독도의 해양을 연구하고 동해를 연구하는 학자들의 거점 역할을 할 필요가 커져야 할 것으로 보인다.

육지에 길이 있듯이 바다에도 길이 있다. 바람과 해류를 따라 바다에 길이 만들어지고 그 길을 따라 돛단배가 움직이고 사람이 오가고 문화가 오갔다. 동해 또한 계절풍과 한류와 난류에 따라 길이 만들어졌다. 그럴 때 섬은 길을 안내하는 이정표였으며, 오랜 길을 걸어온 이들에게 쉼터였다. 그 길을 이용한 것은 사람만이 아니었다. 바닷길이 만들어 준 수온과 먹이를 따라 명태와 오징어, 고래가 이동하였을 것이다. 해양과학기술의 발달로 새로운 해양자원이 발견되기 이전 동해의 가장 값진 효용은 길로서의 가치일 것이다. 지구 반 바퀴를 돌아 항해해온 아라비아 상인들은 이 동해를 통하여 신라와 교역하였으며, 발해인들은 거친 동해를 건너 일본과 교역하면서 해동성국으로 발돋움

울릉도독도해양연구기지 전경

하였다. 거문도 사람들은 거문도 뱃노래를 목청껏 부르며 울릉도에 건너와 울릉도 나무로 배를 건조해 갔다. 동해 바닷길을 따라 이동하며 몸을 한껏 살찌운 명태는 오랜 세월 우리의 밥상을 풍족하게 하였다. 서양의 포경선들을 동해로 끌어들인 귀신고래는 동해 연안의 용승 현상 덕에 풍족해진 먹이를 맘껏 들이마셨다.

동해는 더 이상 잊혀진 바다가 아니다. 과학으로 새롭게 발견되는 바다이며, 육지 중심 사고에 치우친 이들에게 오랜 변방으로 인식되어 왔지만 바람과 해류가 만들어준 동해의 바닷길을 따라 묵묵히 그 길을 이어온 사람들의 삶의 터전이다. 그들이 동해를 지켜온 진짜 주인일 것이다. 이제 동해를 품어온 역사의 주인공들에게 그들이 품어온 동해의 진정한 가치를 알려주어야 한다. 그것이 동해의 역사를 보듬고 온

이들에게 우리가 미처 드리지 못한 명예와 경의를 돌려주는 것이며, 바다의 가치와 동해의 가치를 바로 보는 일일 것이다.

2부
동해 인문학의 방법과 실제

미완의 꿈, 문무대왕의 東海口
김남일(경상북도 환동해지역본부장)

경북동해권의 미역인문학
천진기(전주민속박물관장)

동해와 해녀
김창일(국립민속박물관 학예연구사)

동해마을 인문학
김준(광주전남연구원 책임연구위원)

동해안 음식문화
강제윤(섬연구소 소장)

해양생물과 동해
김진구(부경대 자원생물학과 교수)

미완의 꿈, 문무대왕의 東海口

김남일(경상북도 환동해지역본부장)

경상북도 동부청사(환동해지역본부)는 동해와 연접하고 있는 경북 동해안 5개 시군(포항시, 경주시, 영덕군, 울진군, 울릉군)의 지속가능한 발전을 추구하며, 경부선을 중심축으로 해온 기존 내륙중심 개발의 패러다임을 전환하여 대구와 경상북도의 새로운 미래를 밝히고자 2019년 5월 14일 포항에 개청하였다. 환동해지역본부는 경북 동해의 미래를 여는 전략적 컨트롤 타워 역할을 하게 된 것이다.

본부장인 필자는 해양을 전공한 전문가도 아니고, 바다를 보며 자란 항구의 남자도 아니다. 다만 그간 20여 년을 마린보이로 바다에 미치고 독도에 빠져, 경북 동해안 발전의 전도사가 되어 행복하게 일했다. 2001년 과학기술과장 시절 '한국해양연구원 동해연구소'와 경북해양바이오산업연구원(현 환동해산업연구원)을 울진에 유치했다. 2005년 국제통상과장 시절 일본 시마네현에 대처하고자 '울릉도·독도 해양연구기지'를 설치했다. 그리고 2008년 해양국장 겸 독도수호대책본부장 시절 포항 영일만항과 울릉 사동항 뱃길을 개척하는 데 앞장섰다. 이어 2015년 경주 부시장 시절에는 감포 연안항 승격과 문무대왕 프로젝트 사업을 수행했다.

경상북도에 면한 동해의 총연장은 537㎞로 402㎞ 강원도보다 해안선이 길다.[1] 동해의 유일한 섬인 울릉도와 독도를 관할 하에 두고 있어 해양영토적 측면의 중요성도 매우 크다. 경상북도 동해는 문무대왕과 이사부 장군을 비롯해 많은 신라 해양역사 인물의 유산이 남아 있는 곳이며, 귀신고래와 독도 강치가 삶의 터전을 삶고 살며 뛰어 놀았던 곳이다. 이처럼 경북 동해는 해양 생태계의 보고이자 한민족의 해양 DNA가 고스란히 담겨 있는 곳임에도 불구하고, 이를 뒷받침할 제대로 된 해양수산 전문 인력 양성기관이 부족하다 보니 해양도시로서의 이미지와 대표 브랜드가 약한 것이 현실이었다.

필자는 취임하자마자 동해안 5개 시군에 맞는 스타피쉬 프로젝트(Starfish Project)를 제시하였다. 경상북도, 강원도, 그리고 북한과 일본, 러시아와 함께 해양문화 공동체를 이루어 왔던 환동해 해양문화의 정체성을 찾아내 이를 '동해 헤리티지(Heritage)'로 체계화하여 기록·보존·전승하는 일은 경상북도 동부청사의 주요 미션 중의 하나이다. 필자가 제시한 프로젝트는 이를 5개 시군별로 나누어 과학화, 산업화, 국제화함으로써 청년이 찾아오는 동해, 전통어업의 문화산업과 첨단 해양 신산업이 함께 고루 발전하는 동해의 중흥기를 열고자 함이었다.

그런데 스타피쉬 프로젝트를 제대로 수행하기 위해서는 무엇보다 동해와 동해안의 해양·역사·문화를 제대로 조명하는 사전 정지작업이 선행되어야 한다. 동해 인문학의 체계적 정립이라는 말로 포괄할 수

---

1 2019년 12월 말 기준. 어선세력의 경우 경상북도는 3,360척이고, 강원도는 2,785척이다.

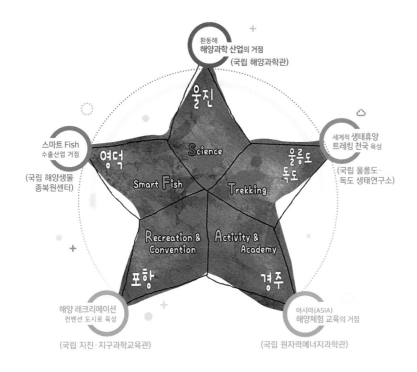

있을 이 작업이야말로 당장 해결해야 할 선결적 과제인 것이다.

　이러한 동해 인문학 정립의 일환으로 기존 방식인 역사 고고학적인 접근을 뛰어넘어 해양문화사적 측면에서 시대에 맞게 재조명되어야 할 상징적인 인물로, 당시 군사업무를 담당하는 관청인 병부(兵部)에서 우리나라 최초로 지금의 해양수산부와 해군에 해당하는 선부(船府)를 독립시킨 문무대왕(626~681년, 제30대 재위 661~681년)[2]을 손꼽을 수 있다. 문무대왕의 해양보국정신이 바탕이 되어 731년 일본이 300척의 선박으로 신라를 공격했지만 해군과 해운력을 기른 신라는

---

2 해양수산부는 2016년을 해양 르네상스 시대의 원년으로 삼고, 국민이 보다 해양에 친숙해지기 위해 문무대왕을 포함한 17인의 해양역사인물을 선정했다

이를 무찔렀다. 이렇게 바다를 중요시한 신라의 정신은 계속되어 약 150년 뒤인 830년경 해상왕 장보고(?~846)가 등장하게 되는 계기가 되었을 것이다.

동해는 일찍이 고래의 바다, 경해(鯨海)라고 불리었다. 최소 5,000년 전에 만들어진 선사시대 울산 반구대암각화에 근거하여 인류 최초로 고래잡이를 한 곳[3]이 동해라 추정되기도 한다. 동해(東海)라는 명칭은 『삼국사기』 동명성왕 편에 고구려 건국과 관련하여 등장한다.

또한 『삼국사기』 문무왕 편에 동해구(東海口)[4] 대석상(대왕암)에서 신라 30대 통일대왕 문무왕의 유언에 따라 대왕을 장사를 지냈다는 내용이 기록되어 있다. 『대동여지도』에는 현재 대종천을 동해천(東海川)이라 표기했고, 1895년에는 양북·감포지역을 경주군 동해면(東海面)이라 표현했다. 이런 사실들로 미루어 볼 때 동해안은 수천 년에 걸쳐 이어져 온 우리 민족의 생활 터전이다.

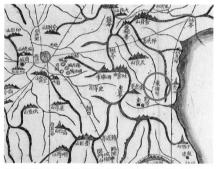

대종천을 '東海川'으로 기록한 대동여지도 (출처: 서울대학교 규장각한국학연구원)

---

3 반구대 바위에는 작살 맞은 고래 등 총 200여 점의 그림이 새겨져 있는데 고래 관련 그림이 전체의 5분의 1인 58점이나 된다.
4 고대국가 신라의 수도였던 경주의 토함산 계곡에서 흘러나온 물이 모여 동해로 들어가는 하구(河口) 일대를 가리키는 말이다.

그밖에도 동해(東海)에는 '동해구(東海口) 해양실크로드 고대 뱃길 근거자료'[5]에 나오듯 신라가 대양(大洋)으로 뻗어 나가는 관문(Gate of the Silla)인 동해구를 중심으로 아진포(阿珍浦), 개운포(開雲浦), 통양포(通洋浦) 등 수많은 국제 무역항들이 있었다고 추정된다.

　경주 아진포 인근에는 지금도 인도 광유 스님이 설립한 기림사와 장항리사지의 사자상(獅子像)이 있으며 울산 개운포에는 처용암과 망해사(望海寺)가 있다. 울산에서 경주로 들어오는 도로 주변 원성왕릉(괘릉) 무덤에는 페르시아인으로 추정되는 서역인 석상이 남아 있고, 포항 통양포 인근에는 연오랑세오녀의 전설이 남아 전해져 온다. 영양 남씨의 시조 남민은 원래 중국의 당나라 사람인 김충(金忠)으로, 서기 755년(신라 경덕왕 14년)에 일본에 사신으로 가다가 풍랑을 만나 표류하다가 영덕군 축산항에 상륙하였다. 이후 경덕왕이 남씨 성을 내리고 이름을 민으로 고쳐 신라의 영양현(현 영양군)에 정착했다. 이러한 일

5 東海口 해양실크로드 뱃길 근거자료

구분	포항시	경주시	울산시	울릉군	비고
신라포구	통양포(通洋浦)	아진포(阿珍浦)	개운포(開雲浦)	정들포	①울진군 우중국(優中國) 또는 우유국(優由國) 이야기 ②영덕군 영해포구 영양 남씨 발상지 ③삼척시 이사부 우산국 정벌이야기
위치	포항시 북구 두호동 두무치마을	경주시 양남면 나아리 나아천하구	울산시 남구 황성동 외황룡강 하구	울릉군 북면	
근거 및 유적	①두무치 제당 천황당(天皇堂) ②통양포 수군 첨사 진영기지 사적비 (通洋浦 水軍僉使 鎭營 基址 史蹟碑) ③일월사당과 연오랑 세오녀이야기	①석탈해왕탄강유허 (昔脫解王誕降遺墟) ②문무대왕과 이견대 (利見臺) (만파식적 萬波息笛) ③기림사(祇林寺)와 장항리사지 사자상(獐項里寺址) ④혜초 쿠쉬나메 이야기 ⑤국내 최초 선부 설치	①개운포성지 (開雲浦城址) ②처용암(處容岩)과 망해사(望海寺) ③반구대암각화 (盤龜臺 岩刻畵) ④우시산국 (于尸山國)	①우산국 이사부와 대풍감(待風坎) ②신라 우산국이 고대 해양왕국 일본 오키나와 670년간 경영설 ③우해왕과 대마도 도주의 딸 풍미려 왕후 전설 ④성하신당(聖霞神堂)	
일제 지정항 지정(조선총독부 고시)	포항항(1918) 구룡포항(1925)	감포항(1925)	방어진항(1925년) 울산항 무역항지정은 1963년	울릉항(1925년)	영덕 강구항 (1930) 울진 후포항

※ 근거 : 삼국사기, 삼국유사 등

들은 명백히 고대 신라시대부터 서역으로 향한 뱃길과 선박의 기항지
인 포구가 있었기에 가능한 일이다.

경주에 가거든 문무왕(文武王)의 위적(偉蹟)을 찾으라. 구경거리
의 경주로 쏘다니지 말고 문무왕의 정신을 길어보아라. 태종무열
왕(太宗武烈王)의 위업(偉業)과 김유신(金庾信)의 훈공(勳功)이 크지
아님이 아니나 이것은 문헌(文獻)에서도 우리가 가릴 수 있지만 문
무왕의 위대한 정신이야말로 경주의 유적에서 찾아야 할 것이니 경
주에 가거들랑 모름지기 이 문무왕의 유적을 찾으라.

건천(乾川)의 부산성(富山城)도 남산(南山)의 신성(新城)도 안강
(安康)의 북형산성(北兄山城)도 모두 문무왕의 국방적(國防的) 경영
(經營)이요, 봉황대(鳳凰臺)의 고대(高臺)도 임해전(臨海殿)의 안압
지(雁鴨池)도 사천왕(四天王)의 호국찰(護國刹)도 모두 문무왕의 정

경적(政經的) 치적 아님이 아니나, 무엇보다도 경주에 가거든 동해
의 대왕암을 찾으라.(우현 고유섭의 유저, 『전별의 병(餞別의 瓶)』 중
에서)

이처럼 동해는 국제적인 문명교류의 바다로서 해양 실크로드를 통
해 아랍과 지중해 등을 넘나들었고, 장보고와 혜초라는 걸출한 해양
인물을 배출한 신라 해상제국의 교두보였다. 하지만 해금정책(海禁政
策)과 공도정책(空島政策)[6]으로 바다를 천시하는 조선 시대와 일제강
점기를 거치면서 수탈과 착취의 바다로 전락[7], 안타깝게도 1929년 국
제수로기구(IHO)가 일본해 지명을 채택한 뒤로 동해 명칭은 국제 사
회로부터 수난을 당하기에 이르렀다.[8]

신라의 문무대왕은 "내가 죽거든 열흘 후 화장을 하고 예는 지키되
검소하게 하라. 나는 죽어서 바다의 용이 되어 신라를 지킬 것이니라."
라고 했다. 문무대왕께서 그렇게 염원했고, 후대에 남기고자 한 교훈
은 무엇이었을까? 그것은 한편 해양영토인 바다를 자주적으로 지키고
경영할 해양력(海洋力)을 키우면서 다른 한편 국제적으로 열려 있는
동해를 이용해 지속가능한 미래를 창조하라는, 해양민국(海洋民國)의

---

6 해금정책이란 일종의 쇄국정책으로 먼바다에 못 나가게 한 것이고, 공도정책이란 도적의 은신처를 없애기 위하여 섬
을 비우게 하는 정책을 말한다.

7 일본국 해안선의 총길이는 약 8,000해리이며 그 수산액(水産額)은 무릇 1억만원(圓)을 웃돈다. 한국 해안선의 총길이
는 약 6,000해리이지만 수산액은 6~700만 원에 불과하다. 곧 비슷한 거리의 해안선을 가지고 있는데도, 그 산출액을
비교하면 후자는 전자의 1/10에 미치지 못하는 상황이다. 게다가 한국의 연해는 무릇 한·난류 두 해류가 분기되는 곳이
며, 이곳에 서식하는 어종은 계절에 따라 회유·왕래하는 바가 대단히 많다. 토착 어패류 및 수조류와 함께 어업경영에는
가장 적합한 지세를 가지고 있다. 특히 비다에는 크고 작은 섬들이 바둑알이 흩어지듯, 이들 어종들이 모여 서식하게
하니 어업 하기에 한층 편의를 얻을 수 있다. 따라서 어장으로서의 가치는 일본의 연해와 비교하면 오히려 뛰어나다고
할 수 있으며 결코 뒤떨어지지 않는다고 믿는다.(『1908년 일본인이 발간한 한국수산지』 중에서, 이근우 대표번역.)

8 2020년 11월 16일 제2차 IHO(국제수로기구) 총회에서 S-23 대신 S-130이라는 새로운 '해양과 바다의 경계'의 기
준을 만들기로 결정했다. S-130은 모든 바다에 이름 대신 고유숫자를 부여하는 것이 핵심이다. S-130에는 바다 명칭
을 숫자로 표현하는 한편, 중립적 관점에서 동해도 병기할 수 있는 길이 확대될 것으로 보인다.

대왕암

유업(遺業)이 아니었을까?

경상북도는 문무대왕께서 미완의 꿈으로 남긴 바다 사랑, 동해정신(東海情神)을 시대에 맞게 계승하고자 했다. 이를 위해 문무대왕이 숨진 681년 음력 7월 1일을 양력으로 환산한 7월 21일을 '문무대왕의 날'로 정하여, 매년 전국을 대상으로 해양과학상·해양산업상·해양교육문화상 등 3개 분야에 걸쳐 시상하는 '문무대왕 해양대상'을 제정·운영하고 있다. 또한 경주시 행정선을 '문무대왕호'로 명명하여 운영하고 있으며, 대왕암 행정소재지인 양북면을 '문무대왕면'으로 개칭하고자 추진중이고, 2021년도에는 대왕암이 바라보이는 구 대본초등학교에 '문무대왕 해양역사관'을 설립할 계획이다.

아울러 동해구[9]의 세 유적인 감은사, 이견대, 대왕암 일대를 포함한

9 동해구(東海口)는 대왕암을 중심으로 감은사, 이견대, 석굴암이 유기적으로 연관된 신라의 호국 성역이다. 대왕암은 죽어 호국룡이 되겠다는 문무왕의 유언에 따라 조영됐고, 감은사는 문무왕의 호국 의지로 축조됐으며, 이견대는 대왕암을 향한 망제 장소이고, 석굴암 본존불은 대왕암을 직시하고 있기 때문이다. 저자는 이를 대왕암의 조영 방식, 감은사와

이견대

천년 포구 주변 일대를 한국의 대표적인 해양역사 문화교육장소로 성
역화할 것을 추진 중이다. 동시에 감포항에서 울릉도·독도와 일본·러
시아를 직접 오갈 수 있도록 위그선과 크루즈선도 접안할 수 있는 인
프라도 갖추고자 한다. 이 모두가 문무대왕이 염원했던 진정한 동해구
시대를 열기 위한 시도의 일부다.

　앞서 2014년 이후 경상북도는 신라인들의 해양탐험 정신, 개방성·진
취성의 해양문화를 계승·발전하고자 해양실크로드탐험대[10]를 운영해
왔다. 차제에 이를 독도 해양영토 교육과 연계한 '문무대왕 청소년 바
다학교'를 설립하여 다양한 해양교육과 청소년 통일교육 프로그램을

이견대와 석굴암의 축조 시기와 방위 등을 오래고 끈질기게 실측 탐사해서 밝힌다. 동해구란 지명은 『삼국사기』에 단 한
번 나오며 오늘에 와서도 사어(死語)가 됐지만, 저자는 그 역사·문화적 의의를 "동해구가 없으면 석굴암도 없다"라는 발
언으로 요약한다. 동해구는 경주 못지않은 고대사의 한 문화적 지형(地形)이다.(『신라의 동해구』, 황수영,1994.)

10 한국해양대 해사대생 91명을 포함한 200여 명으로 구성된 '2014 해양실크로드 탐험대'가 포항에서 해양대 실습선
인 한바다호를 타고, 신라 시대 고승 혜초 스님이 연 바닷길인 '해양 실크로드'를 재현하기 위해 2014년 9월 17일부터
10월 30일까지 45일간 9개국 10개 항에 이르는 주요 거점 도시들을 항해하였다.

울진 미역 줍는 사진(2019년)

운영할 예정이다. 더하여 4월 28일 충무공 이순신 탄신일이 국가기념일이듯 문무대왕의 날도 국가기념일로 지정하도록 건의할 예정이다.

그밖에 강원도와 및 울산시와 함께 협력하여 '동해 포구사', '동해 생활문화총서', '동해지역 수협사', '울릉도·독도 백과사전' 등을 발간하여 동해학(東海學)과 울릉학을 체계화할 예정이다. 특별히 미역 문화의 발상지인 동해의 전통 떼배 어업유산을 세계어업유산으로 등재화하는 작업도 추진 중이다. 동시에 북한과 협력하여 울릉도를 '남북해양수산교류특구'로 지정하는 등 유라시아로 이어지는 남북철도 시대에 발맞추어 경제협력과 북극항 시대를 주도적으로 개척해 나갈 계획이다.

오늘날 울산시가 자동차·조선산업의 메카가 되고 포항시가 철강산업의, 경주시가 원자력산업의 중심지가 된 것은 우연이 아니다. 이 모

두는 동해가 있었기에 가능한 일이었다. 신라의 동해구(東海口)가 더는 막히지 않은 채 계속해서 창의적으로 펼쳐나갈 수 있도록 후손인 우리가 개척해 나가야 한다. 동해구는 다름 아닌 해양민국(海洋民國)의 상징이었으며, 동해정신은 경북정신(慶北情神)의 뿌리이기 때문이다.

동해는 무한한 잠재력이 있다. 우리가 도전하고 진취적으로 나아간다면 동해는 우리에게 새로운 세계를 열어 줄 것이다. 동해는 오랜 세월 우리 민족을 품고 성장해 왔으며, 지금도 우리가 늘 깨어 있도록 큰 파도로 포효하고 있다. 꿈은 실현되기 위해서 존재한다.

문무대왕이 남긴 미완의 꿈!

이제 우리가 실현해야 한다.

경북동해권의 미역인문학

천진기(전주민속박물관장)

1. 미역의 해양과학지식체계

경북동해권은 우리나라에서 가장 긴 해안선을 가지고 있고, 미역이 서식하기에 가장 적합한 환경이다. 이 글은 경북동해권의 역사인문학적 및 자연과학적 접근을 융합한 시각으로 "미역인문학"을 서술하고자 한다.

미역인문학은 미역에 대한 자연·생물학·해양학 영역의 해양과학지식체계를 바탕으로, 생업, 의례, 사회조직, 식생활 등 어떤 전통어업지식체계를 형성하여 전승되어 왔는지 밝히는 접근이다. 미역의 과학모형과 민속모형이다. 과학모형은 생물학적 특징으로 어느 민족이나 문화 속에 존재하는 불변의 자연 과학적 분석체계(analytical system)라면, 민속모형은 하나의 사실(fact, 과학모형) 즉, 생물의 특성을 각 사회나 민족마다 그 사회의 문화적 맥락, 문화문법에 따라 다르게 이해하고 해석하는 것이다. 경북동해권에서 미역의 해양과학지식체계, 즉 과학모형을 바탕으로, 어떤 전통어업지식체계, 즉 민속모형을 만들고 전승되어 왔는지 살펴보는 작업이다. 민속지적 현재는 양식미역이 아닌 자연산 미역[돌미역]의 채취가 이루어진 전통 어업시기이며, 대상 지역은 경북동해권인 울진, 영덕, 포항, 경주, 울릉 등이다.

<표 1> 과학모형과 민속모형

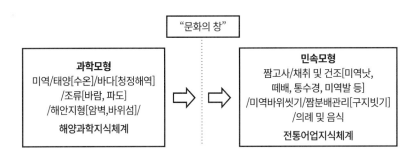

"학명은 Undaria pinnatifida (Harvey) Suringar.이다. 뿌리는 나뭇가지모양이고 줄기는 편원(扁圓)인데 그 상부는 엽상부(葉狀部)의 중륵(中肋)으로 되었으며, 잎은 좌우에 우상열편(羽狀裂片)을 가진다. 엽상부 전체의 모양은 난원형(卵圓形) 또는 피침형(披針形)이다. 엽면에는 모과(毛窠)가 있어 육안으로는 소흑점으로 보인다. 줄기의 양쪽에 주름이 촘촘히 있는데 이것은 포자를 가진 포자엽이다. 외해에 면한, 또는 외해에 가까운 바위나 돌에 착생하고 저조선(低潮線: 조수가 다 빠졌을 때의 물높이 선) 아래에 산다. 미역은 일년생 해초이며 지방에 따라 차가 있으나 대체로 가을에서 겨울 동안

에 자라고 봄에서 초여름 동안에 유주자(游走子: 무성포자)를 내어서 번식한다. 유주자는 곧 발아하여 현미경적인 배우체(配偶體: 유성세대)로 되어서 여름을 난다. 배우체의 발아생장은 17~20℃가 가장 좋고 23℃ 이상의 수온에서는 휴면한다. 가을이 되어 수온이 다시 내려 20℃ 이하가 되면 배우체가 성숙하여 유성생식의 결과 아포체(芽胞體)로 된다. 아포체는 17℃ 이하의 수온에서 잘 자라고 단엽의 유체로 된다. 이 유체가 자라서 중륵이 생기고 우상열편이 생겨서 포자체인 미역의 본체로 자란다. 본체 줄기에 포자엽이 생겨서 수온 14℃ 이상이면 성숙하여 유주자를 방출하기 시작하고 모체는 차차 유실된다. (「미역」『한국민족문화대백과』한국정신문화연구원, 1991)"

　미역은 한해살이이다. 미역은 바다와 면한, 또는 바다 가까운 바위나 돌에 붙어서 생장한다. 조수가 다 빠졌을 때의 물높이 선 아래, 파도가 칠 때 바닷물이 닿은 지점까지 산다. 미역은 잎이 넓고 편평하며, 날개 모양으로 벌어져 있고, 아랫부분은 기둥 모양의 자루로 되어 바위에 붙어 있다. 빛깔은 검은 갈색 또

울릉도 미역

는 누런 갈색이고 길이는 1~2미터, 폭은 60cm 정도이다. 미역은 대체로 가을에서 겨울 동안 자란다. 미역의 원산지는 중국, 일본, 한국 등 동북아시아 지역이다. 한반도에서 미역은 제주도에서 동해안 끝, 황해도 이남의 서해안과 남해안에 주로 분포한다. 국내 주요 미역 생산지는 경북[영덕, 울진, 을릉], 경남[기장, 울산], 강원[삼척], 전남[완도, 진도, 고흥] 등이다. 이 정도가 일반인들이 미역에 대해 알고 있는 해양과학지식이다. 다음 절에서는 경북동해권에서 미역에 대한 해양과학지식체계를 바탕으로 어떤 전통어업지식체계를 만들고 전승해 왔는지 살펴보겠다.

〈표 2〉 미역의 해양과학지식체계

월별	해양과학지식체계	전통어로지식체계
1~3월	성장기	짬고사(정월대보름)
	성장기	미역 채취 및 건조는 2~3월에 시작하여 늦게는 5월까지 이루어짐.
	성징기	
4~5월	줄기 아랫부분에 포자엽(미역귀) 생식체 만듦	
5~6월	수온이 14℃이상이 되면 포자엽은 포자를 방출하며 물 밖으로 흩어져 나옴. 동시에 성장한 엽체(미역)는 완전히 소멸	
6~7월	포자는 편모로 바다를 떠다니다가 바위 등에 착생하여 발아함. 발아해서는 새로 분열하여 암수별로 각각의 배우체가 됨. 배우체의 발아생장은 수온 17~20℃가 가장 좋음	
7~8월	수온이 23℃ 이상이면 배우체가 휴면.	
9월	배우체에서 만들어진 정자와 난자가 수정. 20℃ 이하가 되면 배우체가 성숙함.	
10~11월	10~11월에는 수정란이 세포분열. 바위나 돌에 부착한 미역은 뿌리를 펴고 성장하면서 단엽의 어린잎(포자체:미역)이 됨. 17℃ 이하의 수온에서 잘 자라고 단엽의 유체로 됨	미역바위 딱기(10월에서 11월 초)
11~12월	성장기	짬 분배(구지빗기)

2. 미역의 전통어로지식체계

경북동해권 연안 해안선이 바위로 이루어졌고, 바닷속 바위와 바위 섬에는 미역밭이 있어 많은 미역이 예로부터 자생하였다. 이 지역은 미역의 채취 기술과 관행, 민속신앙, 식생활, 사회조직 등에서 다양한 전통어로지식체계가 전승되고 있다.

미역채취의 역사기록 가운데『삼국유사』의 설화〈연오랑세오녀〉는 우리가 익히 들었던 것이다.

"신라 아달라왕(阿達羅王) 즉위 4년 동해 바닷가에 연오랑과 세 오녀가 부부로서 살고 있었다. 하루는 연오가 바다에 가서 미역[해 조]을 따던 중, 갑자기 바위가 연오를 싣고 일본으로 가버렸다. 그 나라 사람들이 …왕으로 삼았다. 세오는 그 남편이 돌아오지 않음 을 이상하게 여겨 이리저리 찾다가, 남편이 벗어 놓은 신이 있음을 보고 그 바위에 올라가니, 바위는 또한 그 전처럼 세오를 싣고 일 본으로 갔다. 일본 사람들이 이를 보고 놀라서 왕께 아뢰니, 부부가 서로 만나게 되어 세오를 왕비로 삼았다.…"

미역(해조)을 따며 살던 연오랑세오녀 이야기의 본향은 영일현(迎 日縣) 또는 도기야(都祈野)라고 했다. 지금도 포항 호미곶 가는 길 해 안가에 암벽과 바위섬들이 즐비하고, 연오랑세오녀테마공원과 전시 관 귀비고가 있어, 미역채취의 역사와 설화 현장을 볼 수 있다. 울진 고포미역은 고려 때부터 왕실에 미역을 진상한 곳으로 알려져 있다.

"…1680년경에 난을 피해 아기를 업고 마을에 온 어느 할머니가 배를 구해 떠나려 하였으나 뜻을 이루지 못하고 정착하여 살게 되었다는 것에서 고포(姑浦)라는 지명이 유래되었다. 규모가 적은 어촌이지만 예로부터 청정해역에서 생산된 미역으로 잘 알려진 곳이어서 고포 미역마을이라 한다.… 고포마을의 해안은 인근에 민물의 유입이 적고, 주변이 맑고 깨끗한 청정해역의 얕은 수심의 암석에서 자연상태에서 성장한 미역의 품질이 뛰어나다. 고포마을은 고려 때부터 왕실에 미역을 진상한 유일한 곳으로 알려져 있다. 이 지역의 미역은 이른 봄인 3월에서부터 이른 여름인 6월 사이에 생산된다. 고포미역은 울진군의 특산물이다.…(한국향토문화전자대전- 고포미역마을)"

『신증동국여지승람』과 『조선왕조실록』 등에 기록되어 있는 고포미역은 임금님의 진상품에도 오를 정도로 울진의 유명한 특산물이다. 미역의 성장에는 물의 온도, 날씨, 조류가 중요하다. 마을 뒤쪽으로 높은 산이 있지만 정동향에 위치한 마을은 아침 일찍부터 햇살을 충분히 받으며 오후 3시가 되면 어느덧 그늘이 진다. 바로 이러한 위치가 고포마을의 미역을 만들어 낸다. 고포마을 미역의 가장 큰 특징은 양지와 음지의 차이에 있다. 이곳 바다는 수심이 얕고 물이 맑아 햇빛이 물속 깊숙이 비친다. 게다가 이곳의 조류는 빨라서 양질의 돌미역이 자랄 수 있는 환경을 갖추고 있어 다른 곳의 미역과는 구분된다.

울진군에서 생산되는 자연산 돌미역은 고포미역과 함께 옛날부터 없어서 못 팔 정도로 인기가 높았다고 한다. 돌미역은 검고 깨끗하면서 표면이 오돌오돌해야 좋은 미역이다. 미역이 햇빛을 많이 받고 자라면 그 색깔이 검다, 미역이 맑고 깨끗한 물에서 자라면 표면에 잡티가 없다. 또 말린 미역 표면이 오돌토돌해 보인다는 것은 탄력이 있다는 것이다. 울진돌미역은 해류의 이동이 심하고 파도가 드나드는 바위 기슭이나 바위섬에서 생산되어 국을 끓여도 쫄깃쫄깃하게 씹히는 독특한 맛이 특징이다. 울릉도에서는 설 차례 때 파란색 나물이 없어 미역을 나물로 대신할 정도로 미역이 많이 생산되고 일상생활에서 활용된다.

미역은 어떤 기술과 방법으로 채취했을까?

경북동해권에서 '짬'은 각종 해조류와 어패류가 서식하는 수중의 바위를 말한다. 농촌·산촌의 밭 또는 논, 산과 같다. 짬은 마을 주민 또는 어촌계원들이 공동으로 점유하고 있으며, 짬의 생산물을 공평하게 나누어 가진다. 동해안의 해조류 채취에는 마을의 각 가구가 기본적으로 동등한 권리와 의무를 지닌다. 작업 시기에 똑같이 일하고 채취물을 공평하게 분배한다. 미역채취는 채취집단의 성원을 '짬'이라고 하며 이 짬에 들기 위해서는 그 마을에서 거주해야 한다. 울진 고포마을의 경우 미역을 채취할 수 있는 사람은 일차적으로 어촌계원이어야 한다. 어촌계원은 고포마을에 거주하며 어업에 종사하는 사람이다.

경북동해권에서는 보통 정월 대보름에 미역이 생산되는 바닷가 짬에서 좁쌀을 뿌리며 미역의 풍년을 비는 '짬고사'를 지낸다.

경북 울진 일대에서는 할머니들이 정월 대보름 아침에 서숙을

뿌리고 "서숙같이 달게(많이) 나라."고 하며 미역의 풍년을 빌었다
고 한다. 미역은 너무 드물어도, 너무 촘촘해도 소출이 안 나며, 종
횡 3~5센티미터 간격으로 나면 풍년이 든다. 자신의 짬에서 미역이
많이 생산되게 해달라고 짬고사를 지내기도 하는데, 짬고사는 보
통 정월 열나흗날 저녁에 지낸다. 이러한 개인적인 고사와 달리 여
러 사람이 짬고사를 지내기도 한다. 짬을 맡은 사람들이 의논해서
열나흗날 밤 11시나 12시에 음식을 장만해 와서 "미역이 많이 나게
해 주십시오." 하고 제사를 지낸다. 제사 지내는 절차는 간단하다.
먼저 음식을 장만해 와서 자기네 구역 바위 앞에 음식을 깔아 놓고
밥을 올리고 제사를 지낸다. 술을 붓고 난 후 제물을 물에다 던지고
내려온다. 제사 음식으로는 메, 나물, 고기 한 접시, 제주(祭酒) 정도
로 준비한다. 동해안의 별신굿이라 불리는 풍어제에서도 '미역 따
기'라는 제차(祭次)가 있어 별신굿을 주재하는 무당이 미역 씨앗을
뿌리는 신의 모습을 흉내 내기도 한다. 이것도 미역의 풍년을 비는
의례의 하나이다.(「짬고사」『한국세시풍속사전』국립민속박물관)

　미역따기는 경북동해권에서 중요한 생업으로, 자연과 바다가 만들
어 내는 그 성과는 초미의 관심사였다. 울진 평해에서 연행되는 동해
안별신굿 거리굿의 11번째 거리에, "아이구 시누부야 미역 보래이/아
이구 이거 땡겨라/시누야 받아라 아이구 올케야 이거 쥐라/(『한겨레음
악대사전』송방송, 2012)"라는 무가가 있다. 미역을 따는 과정을 잘 묘
사하면서 미역의 풍년을 기원하고 있다.
　경북동해권의 미역채취는 2~3월에 시작하며, 늦게는 5월까지 할

미역의 형태를 만드는 작업(울진)

수 있다. 해안가에서 손으로 뜯거나 거낫으로 바위에 붙은 미역의 밑 부분을 잘라 채취한다. 바위섬이나 깊은 곳의 미역을 딸 때는 보통 떼 배를 이용한다. 떼배 또는 떼가래라 하는데, 인근 바다에서 미역을 채 취하거나 해산물을 운반할 때 사용하는 운반 도구이다. 떼배는 특별한 기술이 필요한 배는 아니며, 통나무 몇 개와 망치질로 만들 수 있는 것 으로 뗏목 형태의 자그마한 거룻배 모양이며 끝에 노가 달려 있다.

울진에서는 나무나 대나무를 뗏목처럼 엮어 만든 떼배로 미역을 거 두었다. 죽변과 울진의 온양리 일대에서는 여전히 전통적인 형태로 전 승된다. 떼배는 주로 미역채취 작업에 사용되는데 물에 잘 뜨는 오동 통나무를 7~8개 정도 엮어서 만들며, 수명은 대개 10년가량이다. 떼배 를 이용한 작업에서는 노를 젓는 사람, 거리대를 잡는 사람, 낫대를 잡 는 사람이 한 조를 이루어 미역을 채취하였다.

미역을 채취하기 위해서는 미역 줄기를 자를 수 있는 낫대와 이를 건져내는 거리대가 필수적이다. 낫대는 긴 장대 끝에 낫이 달린 것으로 그 길이는 사용하는 사람에 따라서 조절된다. 장대는 대나무로 만들어져 탄력성이 있으며, 수중에 있는 미역의 줄기 부분을 자른 후 거리대로 건져낸다. 미역이 한창인 4월에는 해안 주변으로 떠내려오는 미역을 직접 낚기도 한다. 아이나 노인들이 까꾸리를 이용하여 바닷가로 밀려온 미역을 건져내기도 하는데, 이를 '풍락초 건진다'고 한다.

울릉도에서도 주로 떼배를 이용하여 미역을 채취하며 이때 통수경을 사용하였다. 통수경은 목재로 사다리꼴 형태의 상자를 만들고 바닥면에는 유리를 붙인다. 바닷물은 수면이 잠잠하지 않아 물속을 잘 볼 수 없는데, 통수경을 수면에 대고 보면 물속이 잘 보여 작업하는 데 많은 도움이 된다. 울릉도에서 낫 모양으로 생겼다고 하여 미역낫으로 부른다. 수중 깊은 곳에서 자라는 미역을 채취하기 때문에 낫대의 길이는 긴 편이며, 경우에 따라 나무를 덧이어서 길이를 늘이기도 한다.

아무리 좋은 미역이

미역건조작업(울진)

라 하여도 건조를 잘못하면 상품 가치가 없다. 비가 오거나 날씨가 좋지 않으면 미역의 색은 변하고, 건조한 하늬바람이 불어야만 미역이 제 색깔을 띠게 되어 검고 윤기가 난다. 미역발[채반]에서 3~4일 동안 건조한 바람과 햇볕에 말리게 되는데 울진 고포미역은 다른 지역 미역에 비해 두꺼워 하루 정도를 말린다. 이 과정에서 비가 오면 품질이 저하되는데, 맛보다는 미역의 색깔이 바뀌기 때문에 상품 가치가 떨어진다. 마을 사람들은 이를 '골 말랐다'라고 한다.

5월에서 10월까지는 미역이 휴면하는 시기이다. 이 기간에는 특별한 일이나 행사는 없다.

자연산 돌미역을 채취하는 어촌은 매년 10월 말에서 11월초 무렵 미역바위를 씻는다. 이를 '돌씻기·짬매기·미역바위닦기'라고 한다. 미역바위닦기는 바위에 붙은 잡초와 오물을 제거함으로써 미역포자가

울진 온양리 미역짬 닦기 (출처: 〈영남일보〉 2011. 11. 21.)

잘 붙게 해 많은 미역을 생산하기 위한 것이다. 포항에서 갯바위딲기, 일명 미역짬 말매기는 갯바위에 붙은 잡패류를 뜯어내는 작업이다. 미역포자가 좋은 바위에 붙어 생식하는 데 도움을 준다. 바위에 착상한 미역포자는 100여 일 뒤에 채취한다.

울진 고포마을에서는 12월에 "구지빗기"를 한다. 구지빗기는 짬을 추첨으로 나누는 어업관행이다. 짬은 한 개인의 소유가 아닌 어촌계원 공동소유다. 몇 가구가 하나의 소집단을 이루어 한 해 동안 구지빗기를 통해 배당받은 짬에서 미역을 공동으로 채취하고 공동으로 분배한다. 현재 고포마을의 짬은 북쪽에서 짚아바우·향무암·큰풀·잔주·불바우·하바우까지 나누어진다. 마을사람들은 내심 그 가운데 미역이 많이 나는 하구암을 배당받고자 하나 실제 배당은 오로지 추첨으로만 정해진다. 짬의 분배는 한 해 생산량에 따라서도 조절된다. 한 해 생산이 많이 되었던 짬에는 가구를 조금 더 배정하고 생산량이 적었던 곳은 덜 배정한다. 짬을 배정하는 '구지빗기'를 하는 동안 어촌계원들 상호간에 불만이 생기기도 하지만 특별히 문제가 되지 않는다. 문제를 일으키면 다음 구지빗기에 불리할 수도 있기 때문에 모든 어촌계원은 추첨을 통한 짬 배분을 수용한다.

한국인은 평생음식, 미역국을 먹는다.

8세기 초 당나라 서견(徐堅)의 《초학기初學記》에는 "고래가 새끼를 낳은 뒤 미역을 뜯어 먹어 산후의 상처를 낫게 하는 것을 보고 고려[기록에는 신라도 고려로 표기한다]인들이 산모에게 미역을 먹인다[鯨魚产崽后, 食海带, 以康复, 高丽人以此为鉴, 使产妇食海带]"라고 적혀 있다. 조선에는 여러 문헌에 미역 먹는 고래 이야기와 산모들이 산후에 미역 먹는 풍속을 기록하고 있다. 성대중[成大中, 1732~1809]의 《청성잡기靑城雜記》, 이규경[李圭景, 1788~1856]의 《오주연문장전산고五洲衍文長箋散稿》속 「산부계곽변증설産婦鷄藿辨證說」, 정약전[丁若銓, 1758~1816]의 《자산어보玆山魚譜》등에도 산후에 미역을 먹는 유래가 나와 있다. 허준[許浚, 1539~1615]의 《동의보감東醫寶鑑》에는 "미역은 열이 나면서 답답한 것을 없애고 기(氣)가 뭉친 것을 치료하며 소변을 잘 나가게 한다"라고 적고 있다.

이능화(李能和, 1869~1943)의 『조선여속고朝鮮女俗考』에는 "산모가 첫국밥을 먹기 전에 산모 방의 남서쪽을 깨끗이 치운 뒤 쌀밥과 미역국을 세 그릇씩 장만해 삼신(三神)상을 차려 바쳤는데 여기에 놓았던 밥과 국을 산모가 모두 먹었다"는 기록이 있다.

이처럼 산전·산후(産前·産後)의 의례와 음식에서 미역은 빠질 수 없는 필수품이었다. 전통 가정신앙 중에 아기를 점지하고, 순조롭게 태어나서 잘 자라도록 두루 보살피는 '삼신'이 있다. 산모의 해산과 아이의 출산을 전후하여 이 삼신을 위해 삼신상을 차린다. 이 미역은 아이를 낳는 산달에 구입한다. 미리 사다 놓았

제주 한림읍 협재리 '울릉도 출어 부인 기념비'

다가 달을 넘기면 해산도 늦어진다고 생각한다. 이 미역은 아무리 길어도 접거나 꺾지 않고 그대로 사 와서, 아이들 손이 타지 않도록 잘 보관하여 함부로 먹지 못하도록 한다. 아이들이 미역을 떼어먹으면, 나중에 태어날 아이가 미역 먹은 아이를 물어뜯는다고 한다. 이 미역을 산각, 해산미역, 해복미역 등으로 부른다. '해산미역'은 넓고 긴 것을 고르며 값을 깎지 않고 사온다. 울진 지역에서는 예부터 돌미역이라도 햇볕과 산소를 충분히 공급받고 자란 수심 1m 이내의 미역을 '못미역'이라 하여 가장 좋은 해산미역으로 쳤다.

산모가 해산한 뒤 바로 미역국을 먹이는데 이를 '첫국밥'이라 한다. 아이는 탯줄을 자르고 목욕을 시킨다. 흰 쌀밥과 미역국을 끓여 밥 세 그릇과 국 세 그릇을 상에 받쳐 삼신상을 준비한다. 이 삼신상은 산모 머리맡 구석진 자리에 놓고 삼신에게 감사하며 태어난 아이의 복과 산모의 건강 회복을 기원한다. 그 후에 산모에게 흰 쌀밥과 미역국으로 첫 국밥을 대접한다. 첫 국밥에 쓸 미역은 장수를 기원하는 뜻에서 꺾지 않아야 한다. 보통 산모들은 아이를 낳고 스무하루 동안 삼칠일까지 미역국을 먹는다.

삼칠일 기간이 지나면 고기를 넣은 미역국을 끓여 먹을 수 있다. 삼칠일 음식은 집 안에서만 나누는 것이 원칙이다. 백일은 아이가 출생한 날로부터 100일째 되는 날로 갓난아이만을 중심으로 하는 첫 축하 행사이다. 백일에는 미역국과 함께 백 살까지 오래 살라고 백설기, 키 크라고 수수팥떡, 속이 넓어지라고 송편 등의 여러 음식을 마련한다.

아이가 태어나는 날 삼신상, 첫 칠, 둘째칠, 삼칠, 오칠, 100일, 첫돌, 생일 등에는 꼭 미역국을 올리거나 먹는다. 그 이후 매년 생일에 태어난 생일날에도 꼭 미역국을 챙겨 먹는다.

미역국은 원래 임산부가 아이를 출산한 후 젖의 분비를 돕기 위해 먹는 대표적인 음식이었고, 매년 생일에 미역국을 먹는 것은 우리나라의 오랜 식문화로 전 지역에 내려오는 풍습이다. 전통적으로 미역은 아이를 낳는 해산(解産)과 태어나는 출생(出産, 생일) 때 먹는 음식이다. 그래서 생일날 축하와 함께 "미역국 먹었냐?"하는 질문을 한다. 한국인들은 생일날 항상 미역국을 먹는다. 미역국은 해산과 출산에 관여하는 삼신에게 바치는 최상의 제물이며, 생일날의 상징적인 의례음식이다.

그러나 시험을 볼 때는 절대로 미역국을 먹지 않는다. 시험에 떨어지거나, 직위에서 떨려 나가거나, 퇴짜를 맞으면 "미역국 먹었다"고 한다.『큰사전』(1947)에서는'미역국을 먹다'를 지금의 사전과는 달리 '무슨 단체가 해산되거나 또는 어디에서 떨려남을 이르는 변말'로 기술하고 있다. 구한말(舊韓末)에 일제(日帝)가 조선 군대를 강제로 해산시켰다. 이 사건은 대단히 놀랍고 두려운 일이었기에 '해산(解散)'이라는 말을 직접 쓰지 못했다. 이 '해산(解散)'과 동음이의어(同音異議語)인 아이를 낳은'해산(解産)'과 연결되고, 아이의 해산 때 먹는 미역국과 연관시켰다.'미역국을 먹다'로써 군대 해산의 의미를 대신했다. '미역국을 먹다'가 '해산당하다'는 뜻의 은어(隱語)였다. 요사이는'시험에서 떨어지다'는 의미로 '미역국 먹었다'고 한다. 미역 표면이 점액질로 미끌미끌하다. 미역국을 먹으면 미역에 미끄러져 넘어지거나 자리에 밀려난다는 뜻이 된다.

3. 미역인문학의 미래

미역의 미끈한 점전물인 알긴산 성분은 체내에 쌓인 중금속 및 발암물질을 흡착해 몸 밖으로 배출한다. 해조류 활성 성분인 후코이단은 체내 면역기능을 높여주며 암 예방에 효과적이다. 철분과 엽산, 요오드, 칼슘, 마그네슘 등이 풍부하며 알긴산 성분이 혈중 콜레스테롤 수치를 낮추고 체내에 쌓인 노폐물을 배출해 혈액순환을 개선한다. 미역의 철분은 조혈작용을 해 혈액을 생성하고 빈혈을 예방한다. 미역국은 허전한 배에 만복감을 느끼게 하며, 산후에 늘어난 자궁의 수축 및 지혈을 돕고 청혈제의 역할도 한다. 또한 미역국은 산후에 오기 쉬운 변비와 비만을 예방하고 신진대사를 활발하게 하며, 수유량을 늘려 주는 효과가 있다.

미역을 이용한 일상음식도 참으로 많다. 미역쌈밥, 들깨미역죽, 미역국, 오이미역냉국, 미역달걀국, 오징어미역냉채, 미역줄기볶음, 미역자반, 미역튀각, 미역지짐, 미역김치 등 밥으로 국으로 밑반찬으로 한국인들은 미역을 의례음식뿐만 아니라 일상음식으로 평생 먹는다.

그렇다면 이 미역의 미래는 어떨까? 동해바다는 수심이 얕고 청정하여 햇빛이 바다 깊숙이 가 닿는다. 동해의 조류가 빠르다. 동해 바닷가에는 바위와 바위섬이 많다. 이곳에서 미역은 햇빛[수온]과 조류, 바람[파도], 바위지형을 이용하여 자생한다. 해양생태환경이 자연적으로 미역을 키운다. 여기에 마을사람들은 미역바위닦기라는 약간의 수고를 더할 뿐이다. 다 차린 밥상에 숟가락만 얹는 격이다.

하지만 경북동해권 청정한 자연환경 속에서 자생한 미역의 미래가

미역짬이 즐비한 경북 울진 나곡리해안

그리 밝지만은 않다. 청정한 바다는 오염되고, 기후변화로 수온이 변화되고, 해안의 자연생태는 개발로 사라지고 있다. 미역의 생태환경을 보존하고 지키며 미역인문학의 미래를 구할 존재는 이제 인간뿐이다.

〈표 3〉 미역인문학

미역 채취 건조 활용
떼배/미역낫/거리대/통수경/미역발
미역(의례음식/일상음식)

자연
-태양(수온)
-바다(청정해역)
-조류(바람, 파도)
-지형(암벽, 바위섬)

미역

인류
-짬고사
-미역바위씻기

바다 생태환경 보존

참고 및 인용 문헌

『삼국유사』

『큰사전』(을유문화사, 1947)

『한국민족문화대백과』한국정신문화연구원, 1991

『울릉도·독도의 종합적 연구』(영남대학교 민족문화연구소, 1998)

『울진군지』(울진군지편찬위원회, 2001)

『한국의 해양문화-동해해역』(해양수산부, 2002)

『한국민속대백과사전(세시풍속, 일생의례, 민속신앙편)』(국립민속박물관, 2004~)

『북면 사람들의 삶과 민속』(울진군 북면·대구경북향토사연구협의회, 2005)

『해양과학용어사전』(한국해양학회 2005)

『울릉군지』(울릉군지편찬위원회, 2007)

『한국지명유래집 경상편』(국토지리정보원, 2011)

『한국향토문화전자대전(울진, 울릉) http://www.grandculture.net/』(한국학중앙연구원, 2003~)

『한겨레음악대사전』(송방송, 2012)

朴光淳 著. 韓國漁業經濟史硏究 -漁業共同體論. 裕豊出版社, 1981

권삼문. 동해안 어촌의 민속학적 이해. 民俗苑, 2001

김준. 갯벌을 가다. 한얼미디어, 2004

조항범,『정말 궁금한 우리말 100가지 1, 2 』,위즈덤하우스, 2004

장경준,「장경준의 新어부사시사〈19〉해초의 「대표:미역이야기」『국제신문』, 2016.11.17.

김창일,「동해안 돌미역 작업방식의 다양성 연구」『민속학과 국가(2017년 한국민속학자대회)』, 한국민속학술단체연합회, 국립민속박물관, 2017.

동해와 해녀

김창일(국립민속박물관 학예연구사)

1. 동해의 경계점

동해의 경계는 어디부터일까. 국립해양조사원, 해양수산부, 기상청, 문화체육관광부 등 정부기관마다 분기점을 다르게 설정하고 있다. 국립해양조사원은 1992년에 수로업무편람에서 부산 남구 오륙도 인근의 승두말을 동해와 남해의 분기점으로 설정했다가 2013년에는 해운대 달맞이언덕에 있는 해월정 앞바다(북위 35도, 동경 129도에서 북쪽을 기준으로 135도 방향으로 뻗어 나가는 직선)를 남해와 동해를 가르는 경계로 잡았다. 해양수산부는 1997년 울산광역시 태화강 하구의 방어진항 남쪽과 일본 이즈모시를 동서로 이은 직선(북위 35도 25분)으로 정한 바 있다. 기상청은 행정 편의 차원에서 부산광역시와 울산광역시의 해안 경계지점을 동해와 남해의 분기점으로 설정했다. 문화체육관광부는 동해안 해안산책도로 조성 사업인 해파랑길을 만들면서 오륙도를 분기점으로 삼았다. 오륙도의 방패섬과 솔섬은 동해, 수리섬, 송곳섬, 굴섬, 등대섬은 남해에 넣었다. 국제적으로도 남해에 대한 개념은 없다. 1953년에 발간한 해양과 바다의 경계(Limits of Oceans and Seas) 제3판에서 제주도 동북쪽을 동해, 서북쪽을 황해, 제주도 남쪽바다를 동중국해로 설정하고 있다.

정부기관의 분기점 설정이 제각각이지만 대체로 부산이 동해와 남해를 가르는 중심점이 되고 있다.

분기점	도시	설정 기관
해운대 달맞이언덕 해월정 앞바다	부산	국립해양조사원
태화강 하구의 방어진항 남쪽과 일본 이즈모시를 있는 직선	울산	해양수산부
부산광역시와 울산광역시의 해안 경계 지점	부산 울산	기상청
오륙도	부산	문화체육관광부

동해는 난류와 한류가 만나는 지점으로 대구, 청어, 오징어 등 계절에 따라 다른 종류의 물고기가 많이 잡힌다. 단조로운 해안선과 넓은 모래사장, 해저가 급경사를 이뤄서 수심이 깊다. 수심이 깊어서 바람의 영향으로 너울에 의한 피해가 심하게 나타난다. 조수간만의 차는 0.2~0.3m로 한때 동해 무조석론이 펼쳐질 정도로 조차가 적다. 태백산맥의 영향으로 겨울 기온이 서해보다 따뜻하다.

2. 제주해녀의 바깥물질

2016년 12월 1일, 에티오피아의 수도 아디스아바바에서 열린 유네

스코 무형문화유산보호협약 정부간위원회 회의의 심의에서 '제주 해녀문화'가 인류무형문화유산으로 공식 등재됐다. 제주 해녀의 독특한 문화적 정체성, 특별한 잠수장비 없이 해산물을 캐는 자연친화적이고 지속가능한 환경을 유지한 물질(잠수) 문화, 해녀의 안녕과 공동체 의식을 키우는 '잠수굿'과 여성에서 여성으로 전승되는 해녀노래 등이 포함된 개념이다.

비단 유네스코 인류무형유산 목록등재를 말하지 않더라도 제주도 해녀의 존재와 그들에 관한 개략적인 지식은 한국인이면 누구나 알고 있다. 반면 한반도 해안에서 물질하는 해녀에 대해 아는 사람은 의외로 많지 않다. 제주도에서 실제 물질하는 해녀가 4,000명 정도인데 그에 못지않은 숫자가 뭍 해안에도 있다.

울릉도·독도에서 조업한 제주해녀

제주 출향해녀의 바깥물질은 조선시대부터 있었다. 이때는 과도한 공납을 피해서 육지로 도주한 경우가 많았다. 제주도 해녀가 뭍으로 이주한 기록은 성종실록(成宗實錄, 1447년), 학성지(鶴城誌, 1749년), 규합총서(閨閤叢書, 1809년), 경상도 울산부 호적대장(慶尙道 蔚山府 戶籍大帳) 등에 수록돼 있다. 그 내용을 살펴보면 다음과 같다.

두모악은 일찍이 전복을 잡아서 조정에 진상하기 위해 제주의 해민(海民) 약간 호를 옮겨 왔다고 세상에 전해진다. 그 자손들이 성황당에 살면서 전복을 잡는 것을 생업으로 삼고 있는데, 풍속과 형상이 다른 해부들과 같지 않아서 머리카락이 모두 붉다. 양녀는 흰 머리에 쪽을 짓고, 사비는 머리카락을 땋아 머리에 두른다. 성품이 강직하고 속이지 아니한다.[제주의 한라산을 부르기를 두무악이라고도 하는데, 아마 근본을 잊지 않고서 이와 같이 된 듯하다.]

〈학성지(鶴城誌, 1749년)〉

근년에 제주(濟州) 세 고을의 인민(人民)이 자칭 두독야지(豆禿也只:한라산의 별칭)라 하면서 처자(妻子)들을 거느리고 배를 타고 경상도·전라도의 바닷가 근처에 옮겨 정박(碇泊)하는 자가 수천여 명이다.(하략)

〈성종실록 262권, 성종23년(1462년) 2월 8일〉

이렇듯 중앙 관리와 지방 토호의 이중 수탈, 왜구의 빈번한 침입, 과도한 진상, 부역의 증대 등으로 제주도를 이탈하는 사람들이 늘어남에 따라 제주 인구는 차츰 감소하기에 이른다. 이에 1629년(인조7년) 출륙 금지령(出陸禁止令)이 내려지게 되지만 제주 유민은 줄어들지 않는다. 제주도 유민들은 경상도와 전라도에 집중적으로 거주했는데 이는 지리적인 인접성과 풍부한 해산물 때문이었다.

　제주 해녀의 본격적인 바깥물질은 개항기·일제강점기에 이뤄졌다. 바깥물질을 촉진한 요인은 내·외부적인 것으로 나눌 수 있다. 내적으로는 1883년 조일통상장정(朝日通商章程) 체결 이후 일본의 잠수기 어선 수백 척이 제주 해역에서 조업함으로써 어장이 파괴됐다. 제주 어장의 황폐화로 제주 해녀들은 바깥물질에 눈을 돌리게 된다. 외적으로는 일본에서 산업용, 군수용으로 이용할 해조류를 대량으로 얻으려 했고, 그 당시 육지 지선어장 어민들은 해조류를 상업용으로 채취하지 않았기에 제주 해녀들이 자유롭게 채취해 수익을 낼 수 있었다. 당시 우뭇가사리는 양갱, 젤리 등에 사용되거나 공업용 접착제, 방수제의 원료로 쓰였고, 가사리는 염료로 사용되었으며, 감태는 요오드의 재료로 이용되었다. 채취한 해조류는 고가에 일본으로 수출됐다. 이러한 이유로 제주도의 해녀들은 부산에 본거지를 둔 객주(일본 해조류 상인)에게 고용되어 한반도 해안으로 퍼져나가게 된다. 국내뿐만 아니라 일본, 중국의 칭따오(靑島), 따리엔(大連), 러시아의 블라디보스토크까지 진출한다.

　바깥물질을 나갈 때는 돛단배를 타고 건너갔다. 5톤 내외의 범선에는 12~15인이 탔다. 연령은 17~30세까지였으며 보통은 해녀가 노를 저었다고 한다.[1] 심지어 중국 따리엔(大連)까지 돛배를 타고 20일 동안이나 노를 저어서 갔다는 증언이 있어 놀랍다. 돛배에 보리쌀을 가

---

[1] 좌혜경(글)·서재철(사진), 제주 해녀, 대원사, 2015, 66쪽.

득 신고 밥을 지어 먹으면서 밤이 다가오면 해안가 정박을 하기를 반복하면서 따리엔에 도착했다는 것이다. 얼마나 노를 저었든지 도착해 보니 아래옷이 너덜너덜 닳았다고 한다.[2]

1915년 통계를 보면 제주도 부락별 출향해녀 숫자는 1,955명이었다. 그러나 실제 경남지방에 1,700명, 전라도에 300명, 기타 지역에 200명으로 2,500명 정도 출향한 것으로 보인다. 당시 울산을 중심으로 경남에 출향해녀의 70%가 거주했다.[3] 이후 출향해녀의 수가 증가함에 따라 점차 전남, 경북, 강원 등지로 확대되었다.

제주해녀의 바깥물질이 활발히 이뤄질 수 있었던 요인은 복합적이다. 첫째는 일본 잠수기선에 의한 제주도 주변 어장의 황폐화를 들 수 있다. 다음으로 수산물의 상품화에 따른 여성들의 현금소득화와 해상교통수단의 발달, 그리고 모집인 및 소개자의 개입에 의한 이동 촉진, 일본 해녀의 부족한 노동력 대체 등을 들 수가 있다.[4] 또한 당시 육지사람들은 지선어장의 해조류를 채취하여 상품화하지 않았기에 제주해녀들에게는 좋은 기회였다. 특히 값비싼 우뭇가사리 채취에 열을 올렸다. 1916년, 조선인이 선호하며 특별한 가치를 부여했던 미역 대비 우뭇가사리 가격이 66배였다. 우뭇가사리 가격이 가장 좋았던 1930년에는 미역가의 1,066배에 달했다.[5] 일본으로의 수출 열풍으로 우뭇가사리의 가격은 급격히 상승했다. 제주해녀의 바깥물질 초창기에는 우뭇가사리를 찾아서 뭍으로 떠난 여정이라 해도 과언이 아니다.

이 시기에 제주 출향해녀들은 주로 경상남도, 경상북도, 전라남도

2 김영돈, 한국의 해녀, 민속원, 1999, 387쪽.
3 울산대곡박물관, 울산 역사 속의 제주민, 2016년, 92쪽.
4 안미정, 「이방인이 꽃 피운 울산의 해양문화, 해녀」, 『울산 역사 속의 제주민』, 울산대곡박물관, 2016년, 137쪽.
5 김수희, 「일제시대 제주 해녀의 해조류 채취와 입어」, 『제주해녀의 재조명』, 해녀박물관, 2011년, 59쪽.

해안을 중심으로 물질을 했으나 일부는 강원도, 함경남도, 함경북도, 황해도까지 올라가서 활동하기도 했다.

출가지	1937년 출가해녀	1939년 출가해녀
경상남도	1,650명	1,581명
경상북도	473명	308명
전라남도	408명	367명
전라북도	19명	7명
충청남도	110명	141명
강원도	54명	60명
함경남도	32명	106명
함경북도	5명	-
황해도	50명	14
일본	1,601명	1,548명
합계	**4,402명**	**4,132명**

〈濟州道勢要覽〉, 제주도청, 1936년 참조

1937년도 출향해녀 현황을 살펴보면 일본으로 간 1,601명을 제외하더라도 국내 전역으로 흩어져서 바깥물질한 제주해녀가 총 2,801명이다. 그중에서 경상남도에 1,650명이 출향하여 79%가 경상남도에 집중됐다. 1939년에는 국내로 물질을 떠난 제주해녀 2,584명 중에서 1,581명이 경상남도에서 바깥물질을 하여 그 비중이 61%에 달한다. 반면에 강원도, 전라북도, 함경남북도, 황해도 등지로 향한 해녀는 미미한 수준이다. 일제강점기에는 해녀모집의 중추적 역할을 한 객주가 부산에 집중돼 있었다. 따라서 부산과 인접한 해안 중심으로 제주해녀를 우선적으로 보낸 것이다.

일제강점기는 제주해녀들이 바깥물질을 본격화한 시기였다. 1950

년대 중반부터 70년대 중반까지 제주해녀의 2차 출향기가 시작된다. 1차 출향기 때는 경상남도 해안에서 집중적인 바깥물질이 이뤄졌다면, 2차 출향기가 되면서 경상북도 해안으로 출향해녀들이 몰렸다.

구분	계	경남	경북	전남	강원	기타
1962년	4,090	1,356	1,584	232	787	131
1963년	2,215	696	1,320	71	125	3
1964년	2,071	378	1,354	108	165	66
1965년	1,538	258	1,049	56	113	62
1966년	1,903	338	1,103	143	188	131
1967년	1,909	788	635	248	129	109
1968년	1,093	159	654	84	81	115
1969년	1,167	457	216	282	145	67
1970년	1,023	239	85	188	–	511
1971년	1,230	302	126	284	166	352
1972년	917	264	249	158	104	142
1973년	867	254	199	238	64	112

『제주수산60년사』, 제주특별자치도, 2006, 271쪽 참조

1960년대 중반 제주 해녀의 바깥물질이 활발하게 이뤄지다가 1970년대 들어서는 점진적으로 하락하는 것을 표로 확인할 수 있다. 제주도 내에서 채취되는 톳, 우뭇가사리 등의 해조류와 소라 등 패류 값이 좋아서 바깥물질을 나가지 않더라도 소득을 올릴 수 있게 된 것을 감소 원인으로 보고 있다. 이러한 요인과 더불어 경상북도와의 갈등으로 인한 '해녀 안보내기 운동[6]', 70년대 양식업의 발달, 한반도 해안의 수

---

6 1954년 경상북도와 제주도 간에 출가해녀 자유입어 허용 각서가 교환 되어 1,300명의 출가해녀가 자유롭게 입어할 수 있게 되었다. 그러나 1967년 경상북도에서 입어관행권 소멸확인 청구소송을 내어 입어관행권이 소멸되었다. 경상북도에서 출가해녀의 입어관행권이 소멸됨에 따라서 제주도는 해녀가 바깥물질을 하지 않도록 권유하는 '해녀 안보내기 운동'을 펴게 된다. : 좌혜경, 「제주 해녀에 대한 몇 가지 이해」, 『울산 역사 속의 제주민』, 울산대곡박물관, 2016년, 168쪽.

산자원 고갈, 제주도의 관광지화, 출향해녀의 육지 정착, 육지에서 물질을 배운 자생해녀의 증가 등 다양한 요인에 의해 제주 해녀의 수요가 꾸준히 줄어들어 80년대에 동해안으로 향하던 바깥물질 행렬은 사라지게 됐다.

3. 출향해녀의 동해안 정착

경북 출향해녀들의 입어 문제, 어장매매와 해녀들의 권익문제 등이 발생하여 1952년에 수산업법에 '입어관행보호법'이 제정됐다. '입어관행보호법' 이후로도 해당 지역민과 출향해녀들의 충돌은 이어졌다. 입어행사료, 지도원 수당, 위판판매수수료 등의 명목으로 채취한 해산물에서 일정한 요금이 매겨졌다. 이를 출향해녀들은 과도한 수탈로 봤고, 해당 어촌에서는 자신들의 바다에서 채취하는 것이기에 당연한 권리로 생각했다.

이러한 갈등 끝에 1962년 수산업협동조합법이 제정돼 어촌계에 연안어장의 관리 권한을 위임한다. 이로써 어촌계[7]가 합법적으로 지선어장에 대한 통제권을 행사하게 된다. 이후 육지 연안에서 활동하는 해녀들의 입어 허가, 채취물 범위, 입어료 부과 등은 통상적으로 각각의 어촌계에서 결정하고 있다.

현재 각각의 어촌마다 해녀들의 입어를 철저히 통제하는 마을이 있

---

[7] 어촌계는 1962년 수산업협동조합법이 제정되어 일제 치하에서 만들어진 어업조합이 수산업협동조합으로 전환되는 과정에서 처음으로 자연 마을별로 구성되었다. 수협은 지구별 수협, 업종별 수협, 및 수산물가공 수협으로 구분된다. 전체 92개 수협 가운데 70개가 지구별 수협이고, 이 지구별 수협의 마을별 하위 조직이 어촌계이다. 수협법에 따르면 지구별수협의 조합원이 행정구역·경제권 등을 중심으로 어촌계를 조직할 수 있게 되어 있다. 어촌계의 대표는 계장(契長)이라 하며, 총회에서 계원의 투표로 선출한다.(네이버 지식백과-한국민족문화대백과)

해녀의 미역채취작업(울진)

울진글로벌해녀학교의 해녀 실무 교육 장면 (출처: 울진글로벌해녀학교 제공)

는가 하면 입어 여부를 해녀들이 결정하는 마을도 있다. 대부분 어촌에서는 입어에 대한 행사료를 부과하지만 그렇지 않은 마을도 있다. 해녀가 채취한 해산물을 어촌계의 통제하에 수협에 위판하는 곳도 있고, 마을 내에 해산물 공동판매장이 있거나 개별적으로 운영하는 횟집 등이 있으면 자체적으로 판매를 하는 어촌도 있다. 해녀가 어촌계원으로서 어촌계의 통제를 받으면 행사료를 지급하는 것이 통상이나, 어촌계의 통제와 행사료 없이 자율적으로 물질을 할 수 있는 곳도 더러 있다. 이렇듯 동해안으로 물질하러 떠난 제주 출향해녀들이 현지 주민들과 갈등을 겪으며 이를 극복하는 과정에서 새로운 질서가 만들어졌다.

제주해녀가 동해안으로 원정물질을 다닐 때 개인적으로 행동하는 게 아니라 동해안 어촌 사람들이 제주도까지 내려가서 해녀를 모집했다. 제주도 해녀를 모집해 데리고 오는 사람을 해녀사공이라고 한다. 적게는 20명 내외, 많게는 100여 명의 해녀가 한 마을에서 물질을 했다. 작은 어촌에 수십 명의 해녀가 갑자기 몰려들면 방이 부족해 한 방에서 여러 명이 함께 지냈다. 그렇게 모여든 제주해녀들은 2월 말에서 추석 전까지 동해안 어촌에 머물면서 물질을 했다. 1년 물질이 끝나면 해녀사공은 해녀를 제주도까지 데려다줬다.

이렇게 물질해서 채취한 해산물은 해녀사공 몫으로 10%를 제하고 해녀가 90%를 가졌다. 해녀사공은 특별한 자격조건은 없고, 주민 중에서 의향이 있는 사람은 누구나 제주도에 내려가서 해녀를 모집해 올 수 있었다.

동해안으로 원정물질을 떠난 해녀는 주로 10대 후반에서 20대 중반의 처녀들이었다. 물질이 끝나면 동네 총각들과 어울리다 사랑을 싹틔우기도 했다. 마을 청년과 결혼해 육지해안에 정착하는 해녀가 늘어갔다. 그때 정착한 젊은 해녀들은 지금 70~80세의 노인이 돼서도 동해안의 바다를 호령하고 있다.

동해마을 인문학

김준(광주전남연구원 책임연구위원)

어촌은 마을과 마을어장으로 이루어져 있는 독특한 커뮤니티이다. 일반 농촌이나 도시와 달리 바다와 마을어장과 해변을 공유자원으로 가지고 있다. 어촌이 변화한다는 것은 다른 의미로는 마을과 바다의 공유자원이 바뀐다는 것을 의미하기도 한다. 그 변화는 파도, 바람, 조류, 수온, 수산동식물 등 자연자원뿐만 아니라 어촌정책, 여행패턴, 귀촌 등 인문사회 요인들의 영향을 크게 받는다.

우리 어촌은 농업과 어업으로 생활하기 때문에 반농반어라고 두루뭉술하게 규정한다. 그래서 어촌정책이나 어촌활성화라는 정책은 '농어촌'이라는 범주로 묶이기 일쑤다. 용어로 보면 농촌과 어촌을 아우르는 것으로 보이지만 사실은 농촌이라는 범주에 묶여 어촌의 특성은 무시되거나 장소만 바닷가일 뿐 농촌과 다를 바 없는 내용으로 채워지고 있다. 어촌의 활성화가 오히려 어촌 정체성을 거세하는 과정이 되기도 한다. 어촌을 이해하지 못하고 어민들의 삶에 공감하지 못해 낳은 결과들이다. 같은 어촌이라 해도 동해와 서해가 다르고, 남해와 동해가 다르다. 심지어 동해에서도 포항시 감포와 강릉시 주문진이 다르다. 같은 포항이라도 대게로 유명한 영덕과 과메기로 유명한 구룡포가 다르다. 이렇게 동해지만 다른 시간과 공간에서 생활한다. 문화가 다르고 언어가 다를 수밖에 없다. 이것이 바닷마을이 가지고 있는 큰 힘이다. 동해마을이 갖는 소중한 자원이다.

산·강·바다가 만든 동해마을

동해는 서해나 남해와 다르게 해안선이 단조롭다. 해안선이 단조로우면 해양생물 종도 적다. 서식환경이 단조롭기 때문이다. 자연에 기대어 사는 인간의 삶도 마찬가지이다. 동해의 7번국도를 따라 오가며 마을을 보고 포구를 살펴보면 비슷비슷한 모습을 발견한다. 그나마 산과 하천과 강이 있고 없음에 따라 동해마을의 삶은 조금씩 다르고, 해안의 종류와 수심에 따라 밥상에 오르는 찬과 먹는 방식에 차이가 있다. 그 해안선마저 메우고 하천마저 인위적으로 바꾼다면 동해마을의 정체성이 사라질 것이다. 동해 해안은 크게 모래해안과 암석해안으로 구분할 수 있다. 모래해안은 강릉 일대에서, 암석해안은 동해에서 영덕까지 고루 나타난다. 물론 이들 지역에도 부분적으로 모래해안이 있다. 그리고 동해와 삼척에는 석회암지대가 발달해 석회동굴이 많고 시멘트공장이 발달했다. 포항 일대는 형산강과 영일만의 영향을 받아 평야와 큰 마을이 만들어졌다.

이러한 특징들이 동해마을에는 어떤 영향을 주었을까. 모래해안은 남대천처럼 하천과 함께 어우러진다. 하천을 따라 마을이 만들어지고 방풍·방사·방염을 위해, 또 변화가 심한 모래해안을 안정화하기 위해 소나무를 심었다. 그 배후에 습지가 조성되거나 사주가 형성되어 경작지를 조성하기도 했다. 강릉 일대에 일찍부터 큰 마을이 형성될 수 있었던 이유다. 그 숲이 잘 보전된 마을은 훌륭한 경관으로 자리를 잡았다.

사빈해안이 발달한 어촌은 일찍부터 해수욕객을 대상으로 숙박업이 발달했다. 태백산맥에서 동해로 내려오는 하천이 급경사를 이루면서 가져온 모래가 해안에 쌓이고, 해면상으로 사주와 사취와 석호가 발달하면서 만들어진 지형이다. 사빈해역을 따라 40여 년 생 곰솔이 방풍·방사림으로 조성되어 경관림으로 가치가 높다. 석호는 경호·영랑호·송지호·화진호 등이 유명하며 배후에 해수욕장이 발달해 많은

울진 기성 어촌체험마을 (출처: 기성어촌체험마을 홈페이지)

여행객이 찾는 관광지로 이름이 높다.

반대로 암석해안은 마을이 자리하기 어려웠다. 접근도 쉽지 않고 물을 구하기도 배를 정박하기도 쉽지 않았기 때문이다. 그래서 큰 마을보다 만입된 옴팡진 곳에 작은 마을들이 흩어져 있었다. 모래해안처럼 해수욕장이나 관광지로 개발하기 어려워 자연자원이 잘 보전되기도 했다. 또 모래해안처럼 침식이 일어나지 않아 일찍부터 해안도로를 만들기도 했다. 최근에는 건설공법이 발달하면서 펜션이나 호텔 등 관광시설이 들어서고, 지자체에서는 해파랑길 등 걷는 길을 가파른 암석해안에 놓고 있다. 경북 해안은 석호가 없고 모래해안도 동해 북부만큼 발달하지 않았다. 암석해안이 발달한 경상북도 해안은 미역이 많이 자생한다. 기장, 감포, 구룡포, 강구, 울진 등이다. 이렇게 자연자원의 다름은 동해마을마다 다른 경관을 만들어내고 삶의 방식에도 영향을 미친다.

바다와 가까운 마을이지만 산과 계곡에 의지하는 마을도 꽤 있다. 정말 산중해변이다. 강원도는 대관령과 미시령에서 동해안까지 거리가 가깝고 급류하천이 발달했다. 특히 울진은 부구천, 두천천, 왕피천, 남대천이 있다. 동해 남부에는 큰 하천이 없는 대신 포항에 이르러 형산강과 영일평야가 발달했다. 암석과 바위나 돌멩이로 해변이 이루어진 곳의 바닷마을은 예로부터 미역이 잘 자랐다. 미역바위가 생계수단이었으며 마을의 세 형성에 중요한 역할을 했다. 해안도로가 만들어지고 직선도로가 만들어지기 전에는 더 소중하고 가치가 높았다.

동해마을의 변화

　동해마을 정체성 파악을 위해서는 육상의 마을만 아니라 마을어업 공간의 이해가 필요하다. 그만큼 마을어업이 주는 영향이 크다. 서해를 이해하려면 갯벌을 살펴야 한다. 갯벌에 사는 동식물을 살펴보고, 잡는 방법과 생산물을 나누는 방법을 이해해야 한다. 어민들은 지속가능한 어촌을 위해 그 방법을 찾았다. 그것이 갯벌문화이고 갯살림이다. 학술적으로 전통지식이라 부른다. 동해의 바닷마을에 큰 영향을 주는 것은 수심이다. 서해가 수심 100m 이내에 갯벌이 발달한 어장이라면 동해는 3,000m가 넘는 곳도 있다. 태백산맥과 동해 사이에 단층이 만들어낸 지형이다. 태백산맥은 솟아오르고 동해는 가라앉았다. 평균 수심이 1,700m에 이른다. 대륙붕 발달은 미약하고 동해 중앙부 수심이 깊어 해저 언덕을 이룬다. 서해는 조수간만의 차이가 커서 7, 8

영덕군 영덕시장

km 이상까지 갯벌이 드러나는 곳이 있다. 동해는 같은 거리의 수심이 1,000m에 이른다. 이곳이 동해를 대표하는 대게와 홍게가 서식하는 곳이다. 어업활동에서도 서해는 물때에 큰 영향을 받지만 동해는 조석 간만의 차가 거의 없고, 파랑이나 파고가 큰 영향을 준다. 어항이나 마을은 남향이나 남동향으로 만입된 곳에 위치한 경우가 많다. 그렇지 않으면 섬이나 암초들이 막아주는 안쪽에 위치한다.

　동해는 마을어업을 할 수 있는 공동어장의 폭이 서해나 남해보다 거리가 짧다.《수산업법 시행령》은 강원도와 경상북도 마을어업의 수심 한계를 1년 중 해수면이 가장 낮을 때 7m 이내로 정하고 있다. 서해 어촌 마을과 다르게 해녀들이 활발하게 활동하는 이유다. 마을어업은 낫·호미·칼·괭이·삽·해조틀(갈퀴류)·통발(문어단지)·추진장치 없는 작살류 등을 이용하는 경우가 많다. 동해마을은 해조틀이나 낫과 같이 해조류를 채취하는 어구나 통발을 이용해 바닷물고기를 잡는다. 그 밖으로 어촌계원이나 어업경영인체가 15m까지는 협동양식어업을 할 수 있다. 요즘 방어가

울진군 평해시장

회유하면서 정치망 그물을 설치하는 곳이다. 그러니까 동해마을을 이해하기 위해서는 마을공간을 포함해 최소 수심 7m에서 최대 15m의 바다까지 살펴야 한다. 어촌은 육상만 아니라 마을 공동어장이 있는 바다까지 확대해야 그 정체성을 파악할 수 있다. 마을공동어장은 동해마을의 중요한 공유자원이기 때문이다.

어촌연구는 곧 어촌계 연구였다. 바다 공유자원의 점유나 이용 주체는 어촌계다. 동해마을을 이해하는데 어촌계를 살피는 일은 필수이다. 경제사 측면에서 어촌계를 살피기도 했지만, 사회학에서는 어촌계는 마을어업의 주체이며 때로는 어촌에서 이루어지는 많은 정책사업의 파트너가 된다. 특히 도서종합개발 이후 수산정책의 주체로 또는 행정의 마을파트너로서 어촌계가 주목을 받았다. 반대로 자율적이고 자생적인 마을조직으로서 어촌계의 역할과 기능은 차츰 상실되었다. 동해마을의 마을공동어장인 미역바위 '짬'의 분배와 이용에서도 어촌계는 주체이다. 또 전복이나 성게나 해삼 등을 채취할 때도 어촌계가 주 행사권자이다. 해녀도 어촌계의 지휘감독을 받는 경우가 많다. 많

포항 북구 청하장

은 경우 바다 관련 수익사업의 주체도 어촌계다. 지금 어촌계는 해삼, 전복, 성게 등 공동어장의 관리와 채취·잠수기 어선의 관리와 운영, 수산물직매장의 운영 등을 맡고 있으며 해녀를 관리한다.

근래 들어《국가균형발전 특별법》,《도서개발 촉진법》,《농어촌정비법》등 다양한 법률에 따라 어촌마을의 개발, 재생 등이 추진되고 있다. 이러한 사업을 추진하는 과정에서 마을 펜션, 마을 게스트하우스, 공유부엌, 수산물가공시설, 마을기업, 사회적기업, 물양장, 체험 및 놀이시설, 프로그램, 교육시설 등 하드웨어나 소프트웨어들이 만들어지고 있다. 기존의 공동어장만 아니라 이렇게 새롭게 만들어지는 자원도 공유자원의 범주에 포함해야 한다. 최근에는 이들이 동해마을의 변화에 큰 영향을 주고 있다.

동해마을의 경우 바다를 자원으로 하는 해양레저, 해양관광, 바닷길(해파랑길)이 활발하게 개발되고 있다. 모두 어촌과 마을어업 공간에서 이루어지는 것들이다. 이제 어민들만 아니라 시민들의 바다와 해안과 마을에 대한 이용 욕구도 증가하고 있다. 그만큼 이해당사자가 다변화되고 있고 갈등도 발생하고 있다.

최근 귀어귀촌정책에서 '진입장벽'이 쟁점인 것도 이런 이유 때문이다. 어촌에서도 정책이나 사업을 추진할 때 '지역협의체'나 '운영위원회' 등을 만드는 등 주민참여를 전제로 한다. 어민들은 바다의 시간과 공유공간에 의지해 살아온 사람들이다. 공동체 역량강화라는 프로그램도 만들어 주민주도라는 이름을 앞세우지만 결과는 역량강화보다는 공유자원의 훼손으로 귀결되는 경우가 많다. 전통지식이나 주민

제주 선정에 고민하는 마을 사람들(포항 계원마을, 2010년 7월 8일)

의 삶은 전문가나 공무원의 '트렌드 논리'에 묻히기 일쑤다. 또 청년이나 문화예술인을 어촌으로 유입시키고자 노력하지만 그들 존재를 존중하기보다는 어촌개발이나 정책 수단으로 접근하는 경우가 많다. 그 결과 좋은 생각을 가지고 참여했던 청년과 예술인은 에너지가 고갈되고 심지어 어촌과 섬사람들에게 거부감을 갖고 떠나는 경우도 많다. 서로를 이해하고 공감하는데 필요한 시간과 장치가 부재한 것이 큰 이유다. 어촌을 커뮤니티의 공간으로 재해석하고 새로운 공간으로 접근할 필요성이 커지는 이유이다.

수온 상승 등 기후변화는 동해어촌에 어떤 영향을 미칠까. 해수 온도 1도 상승은 육상온도 10도 상승의 파급력이 있다고 한다. 독일 헬름홀츠 극지해양연구센터는 산업혁명 이전 대비 4, 5도 올라가면 어류의 60%가 기존의 서식처에서 사라질 것으로 예상했다. 바닷물고기의 대이동이 시작되었다. 그 결과 최근 동해에 많이 잡히던 대구, 도루묵 등 한류성 어종이 감소하고, 멸치와 고등어와 방어 등 난류성 어종이 증가하고 있다. 또한 제주 모슬포와 마라도 밖에서 많이 잡히던 방어가 동해바다에서 많이 잡히고 있다. 동해의 오징어는 서남해와 서해에서 잡히고 있다. 바닷속도 화려하게 바뀌었다. 감태, 모자반, 미역 등 바다숲을 이루는 해조류는 감소하고 백화현상이 증가하고 열대 산호류가 등장하고 있다. 이러한 변화로 바닷물고기의 서식처가 사라지고 있다. 방어나 자리돔이 회유하면서 동해 일부 어촌에서는 정치망어업이 시작되었고 방어를 잡기 위해 어구도 설치되고 있다. 서해 갯벌 침입종 '갯끈풀'처럼 동해에 어떤 생물이 등장해 생태계를 교란할지 모른다. 이에 따라 어촌도 변화하고 있다. 어민들에게는 새로운 기회일 수 있고, 조업경쟁의 심화와 불법어업으로 이어질 수 있다. 어민들의 생업공간이 변하고 삶의 방식이 바뀔 수 있다. 음식도 바뀌고 집도 바뀌고 마을공간도 바뀌고 있다. 바다의 변화는 이렇게 쉼 없이 어촌을 변화시키고 있다. 어촌만큼 기후변화를 논의하기 좋은 장소도 없다.

기후변화와 함께 동해마을의 바닷가에서 확인할 수 있는 것은 해양쓰레기들이다. 양식어업에서 발생하는 쓰레기, 육지에서 유입되는 쓰레기 그리고 국경을 넘어온 쓰레기 등 해양쓰레기의 모니터링·교육과 그에 따른 대응책 마련도 어촌마을에서 이루어질 수 있는 연구들이다. 해양쓰레기를 자원으로 활용하는 시도들이 어촌에서 진행되고 있다. 여기에 더해 해양쓰레기 관련 프로그램도 어촌을 활성화하는 소중한 자원이 될 수 있다. 또 어민들이 시민연구자로 참여할 수 있다. 시민사회와 어촌사회가 함께 마을에서 진행할 수 있는 인식증진 프로그램의 소재로 해양쓰레기만 한 것이 없다. 이제 어촌은 단순하게 수산물을 생산하는 공간을 넘어서야 한다.

지속가능한 동해마을

유엔 식량농업기구(FAO)가 발간한 '세계수산양식현황(SOFIA)'에 따르면 한국의 1인당 연간 수산물 소비량(2013~2015년 기준)은 58.4kg으로 세계 1위다. 2위인 노르웨이의 53.3kg보다 5kg이나 많다. 일본은 50.2kg, 중국은 39.5kg이며, 미국은 23.7kg에 그치고 있다.

특히 수산물 선호도를 보면 고등어가 압도적으로 많아 단연 '국민 생선'이라 할만하다. 이어 갈치, 연어, 오징어, 조기, 게 등을 많이 먹는다. 이 많은 수산물이 국내에서 생산된 것은 아니다. 대개 다른 나라에서 건너온 것이다. 밥과 김치가 밥상에서 밀려나듯, 우리 바다에서 건져올린 것은 젊은 사람들로부터 외면받고 있다. 우리 어촌과 어민의 지속성은 식문화의 영향을 받기도 한다.

《신증동국여지승람》에는 동해의 특산물로 전복, 홍합, 문어, 해삼 등과 김, 가사리 등 해조류를 채취했다는 기록이 있다. 조선 시대 문헌에서는 대구, 연어, 송어, 가자미, 복, 청어 등이 동해어류로 분류되어 있다. 이 어종들은 지금처럼 깊은 바다로 나가서 그물을 놓거나 낚시를 하는 것이 아니라 연안에서, 오늘날 마을어장 정도의 공간에서 얻은 것들이다. 청어나 명태를 잡을 때도 단순한 망어구와 낚시어구나 휘리망을 이용했다. 명태를 제외하고 지금도 서식하며 밥상에 오르고 있다. 일부는 경제성이 없어 채취하지 않거나 그 양이 적을 뿐이다. 이렇게 가장 단순하고 원시적인 방법으로 인간에게 필요한 단백질을 얻을 수 있는 곳이 바다다. 때로는 맨손으로, 때로는 작은 호미 하나로 식품회사나 제약회사가 야심차게 선전하는 보약보다 나은 영양분을 얻을 수 있다. 안전하고 싱싱한 수산물을 밥상에 올리려면 바다가 건강해야 한다. 일제강점기 일본 이주 어민들이 중심이 되어 연승, 자망, 유자망, 저인망, 중층트롤을 이용해 본격적으로 동해바다에서 조업을 시작했다. 이로써 명태, 고등어, 정어리, 멸치 등에 대한 약탈조업이 이루어졌다.

농산물에 슬로푸드가 있듯이 수산물에는 슬로피쉬가 있다. 슬로피쉬는 공장식 양식을 지양하고 지속가능한 어업과 어촌을 지향한다. 양식이라 해도 바다를 훼손시키지 않는 사료로 깨끗한 바다에서 키운다면 슬로피쉬라 할 수 있다. 자연산이라도 불법어구로 잡거나 어린 것을 잡는다면 슬로피쉬라 할 수 없다. 치어나 산란을 앞둔 어패류는 피하고, 좋은 환경에서 자란 어패류를 정당한 어법으로 잡아야 한다. 또 고용된 어민에게는 정당한 임금을 지불하고, 어부는 정해진 시기에 정해진 곳에서 허용된 양을 잡아야 한다. 소비자는 생선의 값만 치르는 것이 아니라 바다와 갯벌, 어촌과 어민의 삶이 지속되도록 가치를 지불하는 것이다. 전통어법과 지속가능한 어업이 결합한다면 더 말할 필요가 없다. 슬로피쉬는 단순히 어업이나 물고기 자체에만 주목하는 것이 아니다. 어촌과 어민의 삶의 지속을 지향하며, 소규모 어업과 전통

영덕군 영해면 괴시리마을

문화를 존중한다. 이러한 슬로피쉬는 인간만이 아니라 바다생물, 바다에 기대 살아가는 물새까지 주목한다. 동해마을을 찾는 여행객들이 많다. 이들에게 슬로피쉬의 가치에 공감하고 참여하게 하는 것보다 좋은 동해마을 만들기는 없다. 이를 위해서는 동해마을의 가치, 어민들의 삶, 석호와 모래와 갯바위와 해식애의 가치를 새롭게 해석하고 부여하는 연구들이 이루어져야 한다.

어촌의 정체성은 마을어업의 성격에 따라 정해진다. 마을어장은 지역에 따라 갯밭, 갱변, 갯티, 개발, 바당 그리고 동해의 미역바위처럼 짬이라 불리기도 한다. 마을어업은 먼 바다로 나가서 조업하는 대게잡이나 오징어잡이와 같은 원양어업 범주와 구별해야 한다. 자연산 돌미역을 채취하기 위해 짬을 나누고 추첨을 해서 장소를 정하고 시기를 정하는 것이 '마을 일'이다. 수산업은 기업과 자본의 논리로 접근해야 할 영역이고, 마을어업은 공동체의 논리로 풀어야 한다. 수산업이 아니라 마을어업이 되어야 하는 이유다. 마을 어장의 생태적 지속성은 더 깊은 바다의 어족 자원을 지탱해주는 생명의 숲이다. 갯벌과 갯바위와 해초들이 그 역할을 하고 있다. 이곳이 무너지면 연근해의 어족 자원이 풍성해질 수 없다. 어촌이라는 정체성을 간직한 동해마을의 지속성도 위협을 받을 수 있다. 어촌마을과 마을공동어장은 경제성으로 접근해야 하는 것이 아니라 동해의 정체성으로 살펴야 한다.

동해안 음식문화

강제윤(섬연구소 소장)

2020년 10월 국립중앙박물관은 재 발굴 결과 경주 서봉총에서 놀라운 발견이 있었다고 발표했다. 신라 왕족의 음식문화를 엿볼 수 있는 유물이 쏟아져 나온 것이다. 서봉총 남분의 큰 항아리 안에서 조개류 1,883점, 물고기류 5,700점 등 동물 유체가 7,700여점이나 나왔다. 이것들은 1500년 전 신라 왕족이 준비한 제사음식의 유물이었다. 청어, 방어 등의 흔한 생선은 물론이고 돌고래, 남생이, 성게, 복어까지 나왔다. 신라 왕족들이 지금도 고급 요리에 속하는 고래 고기와 성게 알, 복어 요리까지 즐겼다는 뜻이다. 백제 조문객이 가져온 민어의 흔적도 나왔다. 1500년 전부터 서남해 지역 사람들이 민어 요리를 즐겼고 그 민어가 경주까지 와서 요리되었다는 뜻이다. 이 유물들은 동해안 지역 음식문화의 시원을 추정케 해주는 귀한 발견이다.

『삼국지』위지 동이전에는 "옥저 사람이 고구려에 조부(租賦)로서 맥포(貊布)와 함께 어염(魚鹽) 및 해중 식물을 바쳤다"는 기록이 나온다. 또한 『후한서』에도 "동예 사람들이 바다표범 가죽인 반어피(斑魚皮)를 한나라에 바쳤다"는 기록이 있다. 강릉 출신인 교산 허균의 요리 소개서 〈도문대작〉을 통해서도 옛 동해안 요리의 일부를 파악할 수 있다. 허균은 강릉은 방풍죽이 북청은 콩죽이 명물이었다고 소개하고 있다. 강릉 방풍죽은 "2월이면 해뜨기 전 이슬 맞으며 처음 돋은 싹을 따놓고, 곱게 찧은 쌀로 끓인 죽이 반쯤 익으면 방풍의 싹을 넣는다. 다 끓으면 찬 사기그릇에 담아 뜨거울 때 먹는데 달콤한 향기가 3일 동안 가시지 않으니 세속에서는 참으로 상품의 진미다."라 했다. 서봉총의 유물이나 도문대작의 음식들이나 지금도 여전히 동해안 지방에 나오는 식재료로 만든 음식들이다. 동해안 지역 음식문화가 적어도 1500년 넘게 지속되었다는 뜻이니 장구한 시간 속에서도 먹고 사는 인간의 삶이란 그다지 큰 변화 없이 이어졌던 셈이다.

동해는 쿠릴열도에서부터 내려오는 북한해류(한류)와, 쿠로시오 난류의 한 지류인 동한해류(난류)가 교차하는 바다다. 동해안은 내륙 산간지방과 해안지방이 맞닿아 있다. 그래서 농산물, 임산물, 수산물이 골고루 생산된다. 하지만 다양한 식재료에도 불구하고 동해안 지방 음식은 기교가 적고 꾸밈이 화려하지 않다. 한마디로 담박하다는 뜻이다. 신선한 재료를 최소 가공해 원 재료의 맛을 최대한 살린 질박함이 가장 큰 특징이다. 가장 가치가 컸던 논농사가 많지 않았던 까닭에 잉여 생산물이 적어 음식문화가 크게 발달할 여지가 없었던 것이다.

과거 동해안 지역은 쌀보다 감자, 옥수수, 메밀 등을 주식으로 먹었다. 옥수수죽, 감자밥, 메밀국수, 감자수제비 등이 자주 상에 올랐다. 메밀만두. 강냉이범벅, 감자범벅, 감자만두 등도 흔한 음식이었다. 가장 중요한 반찬인 김치에는 새우젓과 멸치젓을 조금 쓰고 소금 간을 주로 한다. 명태, 가자미, 대구 등의 날 생선을 배추김치나 무김치에 넣어 삭혀 먹는 것이 보편화 됐다. 동치미 국물에 냉면을 말아먹거나 콩나물을 데쳐서 물김치를 담가 먹기도 한다. 강원도 동해안 지방에는 멍게와 삶은 감자를 으깨어 넣고 만든 멍게 물김치, 명태포를 말렸다가 배추김치에 넣어 먹는 명태김치, 삶은 감자를 갈아 넣고 황태포를 찢어 넣은 황태 백김치 등의 김치도 있었다.

동해안은 해산물을 활용한 음식이 많다. 대체로 생선은 말려서 보관했다가 구이나 생선국을 끓여낸다. 동해안 북부는 간이 순한 편이고 남부는 대체로 맵고 간이 세다. 날씨가 이유다. 동해에서 나는 해산물은 대체로 지지거나 양념하여 쪄 먹는다. 해산물을 가공한 마른 오징어, 과메기, 황태, 마른 미역, 명란젓, 창란젓 등의 식재료와 요리도 발달했다. 음식의 기본 맛을 내는 조미료는 주로 멸치나 조개 등을 활용했다. 동해안에서는 해산물을 이용해 각종 물 회를 만들어 먹는 풍습도 있다. 음식의 간은 고추장을 많이 사용한다. 산과 들에서 나는 식재료는 더덕구이, 도토리묵, 감자전, 버섯, 녹두부침, 초두부회, 튀각, 산나물, 산나물부각, 백김치 등이 반찬으로 많이 올랐다.

가장 토속적인 동해안 요리는 가자미식해로 대표 되는 식해류다. 이북에서 시작되어 이남으로 남하한 음식인데 함경도 북청부터 강원도 속초, 경북 울진, 포항, 경주 감포까지 두루 즐긴다. 함경도나 강원도에서는 조밥을 넣고 경상도의 울진, 포항 등에서 쌀밥을 넣어 발효시킨다. 그래서 경상도 동해안에서는 밥식해라고도 한다. 밥식해는 주로 흰 살 생선인 가자미, 홑데기(횟대), 오징어 등으로 만들지만 전갱이나 꽁치 같은 등 푸른 생선으로도 만든다. 잘게 토막 낸 생선에 찹쌀과 무, 배, 고춧가루 등을 버무려 항아리에 넣고 며칠 삭혀서 먹는 발효 음식이다. 동해 바다에서 막 잡은 생선의 내장을 제거하고 물기를

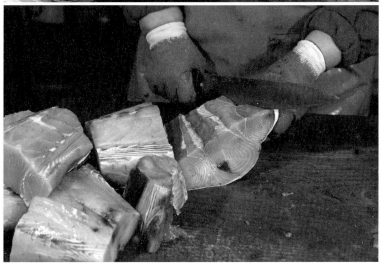

영천 돔배기 시장(국립민속박물관 소장)

쪽 뺀 뒤 잘게 썰어 엿기름으로 버무려 1차 숙성을 하고 여기에 고두
밥과 고춧가루, 마늘, 생강 등 갖은 양념을 넣고 버무려 발효시켜 만든
다. 과거에는 고춧가루가 들어가지 않은 흰 밥식해도 만들어져 제사상
에 오르곤 했다.

　문어 요리도 빼놓을 수 없는 동해안 지역 대표 음식이다. 강릉, 동
해, 삼척, 울진, 포항 등의 지역에서는 가장 중요한 제사음식이다. 차
례 상이나 잔칫상에도 문어가 없으면 먹을 것 없다고 한다. 경북 내륙
지역에서 제사상에 삭힌 상어인 '돔베기'를 고집하고 전남 지방 잔칫
상에 홍어가 없으면 먹잘 것 없다고 하는 것과 같다. 오징어순대, 명태
순대, 섭국' '장칼국수' 과메기, 물회, 곰치국, 꽁치젓, 명란젓, 창란젓
등도 대표적 토속 음식이다.

　울산의 대표적인 음식은 고래 고기다. 고래 고기를 먹는 풍습은 일
제가 울산 장생포에 고래잡이 전진기지를 설치하면서 확산된 문화다.

제사상에 올리는 돔배기(경북 안동시 임하면 천전동) (출처: 국립민속박물관 아카이브)

조선시대에는 고래잡이에 대한 공식적인 기록이 없다. 죽어서 바닷가에 떠밀려온 고래 고기를 먹는 정도였다. 1986년 공식적으로 포경이 금지 된 이후부터는 고래 고기 먹는 문화가 많이 위축되었다. 우연히 그물에 걸려든 고래만 유통 될 수 있기 때문이다. 그래도 울산에는 고래 고기 식당들이 성업 중이다.

포항 지역의 물회는 동해안 중에서도 경북 동해안 일부 지방의 음식문화다. 제주의 물회처럼 쉽게 접할 수 있는 생선회에 갖은 양념을 해서 물을 부어 먹은 것인데 뱃일 하느라 따로 국 끓일 여유가 없는 어민들이 손쉽게 한 끼를 해결하려고 만들어낸 음식이다. 싱싱한 생선회라야 가능한 음식이기에 바닷가에서만 발달했다.

포항이나 울릉도 사람들은 가장 흔한 생선인 꽁치를 다양한 방법으로 요리했다. 구이나 조림, 국, 회, 물회, 죽으로, 전으로도 요리해 먹었다. 젓갈을 담기도 하고 해풍에 말려 과메기를 만들어 먹기도 했다. 발효시켜 밥식해로 먹기도 했다. 꽁치완자를 만들어 꽁치당구국을 끓이기도 했다. 꽁치를 다지거나 갈아서 완자 형태로 국에 넣어서 먹는 꽁치당구국은 꽁치국, 꽁치 사락국으로도 불렀다.

과메기는 포항이 낳은 대표적인 토속 음식이다. 청어가 많이 날 때는 청어로 과메기를 만들었으나 지금은 꽁치로 만들고 있다.

영일만의 토속식품 중 조선시대 진상품으로 선정된 식품은 영일과 장기 등 두 곳에서만 생산된 천연가공의 관목청어뿐이다.
〈경상도읍지(1832년), 영남읍지(1871년)〉

포항 구룡포의 과메기 말리는 모습 (출처: 경북도청 홈페이지)

청어는 연기에 그을려 부패를 방지하는데 이를 연관목(煙貫目)
이라 한다.

〈이규경(1788-?)의 오주연문장전산고(五洲衍文長箋散稿)〉

포항 구룡포의 토속 면 요리는 '모리국수'다. 담백한 생선을 매운탕
처럼 얼큰하게 끓이다가 칼국수를 넣어 끓인 어탕국수다. 모리는 이
것저것 모두 넣는다는 뜻이다. 깔때기국수는 포항지역 해녀 음식이다.
가자미나 도다리, 미역취처럼 비린 맛이 없는 흰 살 생선을 푹 고아서
국물을 내고 미역과 칼국수를 넣어서 끓여낸다. 해초 밥, 해초 국, 해
초 나물 등이 있다. 해초는 여름에 주로 채취해서 말려두고 일 년 내내
먹는다. 미역 줄기를 고추장에 박아두었다가 갖은 양념해 먹는 미역
줄기 장아찌도 있다.

동해안 지방은 고추장을 풀어 육수를 만드는데 이 육수를 장국이라 한다. 울진 짜박이 섭죽은 섭조개(담치)국에 쌀을 넣고 쑨 죽이다. 섭국은 고추장을 넣어 빨갛게 끓인다. 홍합을 남해안에서는 열합, 합자, 담치라고도 하는데, 동해안에서는 섭조개라 부른다. 양양의 '뚜거리탕' '섭국' '장칼국수' 등도 장국으로 끓인 대표 음식들이다. '섭국'은 섭을 고추장 풀어 끓인 국이다. '장칼국수'는 고추장을 넣은 육수에 칼국수를 넣고 끓여낸 음식이다. 동해안 토속 음식에는 성게 알이 들어간 음식이 많다. 성게비빔밥, 미역국, 전, 계란찜, 된장국, 젓갈, 식혜(냉국), 청각무침 등이 있다. 성게 알을 살짝 졸여서 먹기도 한다.

울진은 감자와 고구마를 섞어먹는 범벅류와 콩기름을 짠 나머지 찌꺼기를 밀기울과 함께 끓여 먹던 대두밥이 있었다. 바닷가 마을에서는 쌀이나 보리에 시래기와 된장, 멸치 등을 넣어 푹 끓여 먹기도 했다. 간장으로 간을 맞추는 생선장국인 '고등어, 꽁치 느리미'도 있었고 명태 아가미로는 '순태기 식혜'를 만들기도 했다. 울진에서는 싱싱한 오징어의 창자를 시래기나 묵은 김치 등에 넣고 된장이나 고추장을 넣고 끓여먹곤 했는데 '이까에리'라는 일본 이름으로도 불렸다. 영덕 대게는 주로 회나 찜과 탕으로 조리해 먹지만 겨울에는 다리살의 껍질을 갈라 기름장을 발라 구워먹는 조리법도 있다. 오십천과 영해 송천(松川)의 은어는 왕실에 진상되기도 했었다. 장국을 끓이다 생김을 넣고 끓인 생김국도 즐겼다. 영덕의 젓갈은 꽁치젓과 오징어젓, 백합젓, 방어젓, 광어젓, 갈치젓, 조기젓, 성게젓 등이 있다.

삼척, 속초 등은 곰칫국이 발달했다. 서남해안에서 맑은 국으로 먹지만 이 지방은 묵은 김치를 넣고 곰칫국을 끓인다. 과거에는 인기 없는 생선이었지만 근래 들어 순하고 담백한 맛으로 각광받고 있다. 곰치는 본래 원래 어부들과 바닷가 사람들이 겨울에 먹던 생선이었는데 1990년대 초반부터 식당에서 팔기 시작해 지금은 대중적 먹거리가 됐다. 곰치는 지역에 따라 이름이 다르게 불린다. 동해나 삼척에서는 곰치, 강릉과 속초에선 물곰이라 부른다. 남해안이나 서해안 지방에서는 물메기, 물텀벙이 등으로도 불린다.

삼척, 속초 등에서는 함흥냉면도 향토음식이 됐다. 80여 년 전 함흥 지방에서 내려온 냉면 문화가 정착한 것이다. 본래 회냉면은 가자미, 가오리 등의 생선회 무침을 냉면에 얹어 비벼먹는 요리다. 다대기란 이름의 양념도 함경도가 기원이다. 강원도 속초로 내려 온 회냉면에는 명태회가 올라간다. 명태는 칼을 쓰지 않고 손으로 뜯어서 양념에 무쳐 일주일 정도 숙성한 뒤 냉면에 올린다. 지역에서 흔히 나오는 재료에 따라 음식도 변화한다.

멋의 어원은 맛이다. 멋은 맛에서 왔다. 맛이란 물산이 풍부할 때 생길 수 있는 것이다. 배를 채우기에도 급급하다면 맛 같은 거 따질 여력이 없다. 풍요로워야 맛을 따지게 되고 마침내는 음식에 멋까지 부리게 된다. 멋은 곧 문화다. 음식을 통해 비로소 문화가 시작되는 것이다. 척박한 지역에서 음식 문화가 발달하기 어려운 것은

저동항 선착장 부근에서 팔고 있는 반건조 오징어구이

그 때문이다. 동해안 지방의 음식문화가 질박한 것은 물적 토대가 약했던 때문이다. 하지만 이제는 그 질박한 음식문화가 동해안 음식에 경쟁력을 심어주고 있다. 먹거리가 넘쳐나는 시대. 사람들이 이제는 단순하면서도 재료의 고유성을 살린 음식들을 선호하고 더 고급 음식으로 여기기 시작했기 때문이다. 동해 음식의 미래가 밝은 것은 그 때문이다.

해양생물과 동해

김진구(부경대 자원생물학과 교수)

한반도 주변 해역의 해양학적 특성

한국은 아시아 대륙 동쪽에 위치한 반도 국가로, 동해, 서해, 남해의 서로 다른 환경 특성을 지닌 바다에 둘러싸여 있다. 동해는 조금만 나가도 수심이 급격히 떨어져 평균수심 1,800m이고, 서해는 멀리 나가도 수심이 완만하게 떨어져 평균수심 44m에 그친다. 한편, 남해는 서쪽으로 추자해협, 동쪽으로 대한해협이 위치하는데, 추자해협은 수심 100m까지 떨어지는 반면 대한해협은 수심 200m까지 떨어져 동쪽이 서쪽보다 조금 더 깊다. 해양학적으로 한국은 매우 복잡한 해류와 수괴의 영향을 받는다. 동해는 고온고염의 동한난류와 저온고염의 북한한류가 충돌하여 죽변 근처에서 전선을 형성한다. 서해는 저온저염의 황해저층냉수가 존재하며 양자강 유입수의 영향을 받아 저염, 다량의 부유 혼탁물이 존재한다. 남해 및 제주도는 쿠로시오 난류에서 분지

된 고온고염인 대마난류의 직접적인 영향을 받으며, 특히 제주도는 중국의 대륙연안수, 양자강유입수, 황해저층냉수, 한국연안수 등 복잡한 수괴의 영향을 받는다.

한반도 주변해역의 어류 종다양성

한반도 주변해역에 서식하는 해양어류의 종수는 동해가 556종, 서해가 339종, 남해가 356종, 제주도가 701종으로, 제주도가 종다양성이 가장 높고, 두 번째로 동해가 높다. 제주도는 대마난류의 직접적인 영향을 받아 연중 수온이 높고 연산호 군락지가 형성되어 아열대 어종이 서식하기에 최적의 조건을 갖추고 있다.

동해는 수심이 깊고 한류와 난류가 교차하는 특성상 심해어종, 한
대어종, 온대어종 등 매우 다양한 어종이 출현한다. 동해 중부에 출현
하는 어종 중 송어, 미거지, 분홍꼼치, 임연수어, 홍가자미 등은 차가
운 물을 선호하는 한대어종이다. 반면, 동해 남부에 출현하는 어종 중
멸치, 전갱이, 고등어, 전어 등은 온대어종이다. 구체적으로 살펴보면,
경북 흥해 어류상 조사에서는 빨간횟대가 출현한 것을 제외하면 남해
어류상과 매우 유사함을 알 수 있다. 그러나 강원도 고성 어류상 조사
에서는 남해 어류상과 확연히 구분됨을 알 수 있는데, 임연수어, 날개
줄고기, 털수배기, 횟대류, 꺽정이류 등 한대어종의 출현빈도가 높아
동해는 2개의 생태권을 형성하는 것으로 생각된다. 최근 동해안 저층
트롤 및 정치망에 의한 어류상 조사결과에 의하면, 저층트롤에서는 동
해가 2개의 생태권을 가지는 반면, 정치망에서는 동해가 1개의 생태권

독도에서 보고된 미기록종 및 새로 확인된 어종들

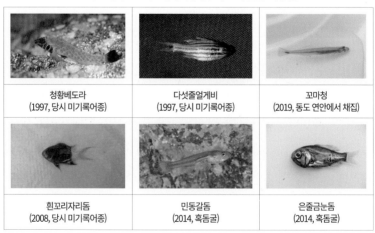

청황베도라 (1997, 당시 미기록어종)	다섯줄얼게비 (1997, 당시 미기록어종)	꼬마청 (2019, 동도 연안에서 채집)
흰꼬리자리돔 (2008, 당시 미기록어종)	민동갈돔 (2014, 혹돔굴)	은줄금눈돔 (2014, 혹돔굴)

을 가져 서로 다른 결과를 보여 주었다. 이는 동해가 표층과 저층 생태계 또는 연안과 근해 생태계로 구분될 수 있다는 짐작을 가능하게 한다. 최근 도루묵, 넙치, 까나리, 삼세기 등 집단 유전에 관한 연구에서 동해 중부와 남부가 유전자 조성에서 유의미한 차이를 보이는 것으로 확인되었다. 이들 어종이 대부분 저서성 어류인 점에서 2개의 집단으로 구분되었을 것으로 짐작되며, 만일 부유성 어류(고등어, 전갱이, 멸치 등)를 대상으로 집단유전 연구를 수행한다면 상반된 결과가 나올 수 있다.

서해는 동해와 달리 수심이 얕고 부유 혼탁물이 많아 주로 민어과 어류(참조기, 민어, 황강달이, 눈강달이, 수조기, 보구치, 민태 등)가 우세하다. 민어과 어류의 주된 먹이인 젓새우 등 소형 새우가 서해에 풍부하기 때문이다. 서해 중앙부는 수심이 80m로 다소 깊은데, 이곳에는 황해저층냉수가 존재하며, 대구와 같은 한대어종이 이곳에 가두어

독도 동·서도 사이의 해조류 군락지

진 형태로 살아간다. 최근 동해 대구와 서해 대구의 유전 분석 결과 두 대구 집단이 오랜 기간 독립적으로 진화해 온 별개의 집단인 것으로 확인되었다. 이처럼 같은 종이지만 유전적으로 잘 구분되는 집단을 우리는 잠재종(cryptic species)이라 부른다. 잠재종은 향후 분류학자들에 의해 모식표본(Type specimen)과의 비교연구를 통해 신종(new species)으로 발표되거나, 또는 별개의 관리단위(management unit)로 자원평가 및 관리에 활용될 수 있다. 서해의 또 다른 흥미로운 점은 유독 서해에 한국 고유종(endemic species)이 많다는 것이다. 예를 들면, 둥근물뱀, 황해볼락, 흰점양태, 점줄망둑이 그렇다. 동해와 달리 서해는 고유종의 출현율이 높은데 서해 형성 기원과 연관이 깊다. 지금으로부터 만오천 년 전 빙하기에 해수면이 115~130m까지 하강할 당시, 수심이 얕은 서해는 바다에서 육지로 바뀌는 사건이 발생하였다. 그러나 만 년 전 빙하가 녹기 시작하면서 해수면은 다시 높아지고 지금의 서해가 만들어졌다. 이와 같은 해수면 상승과 하강은 빙하기 동안 십만 년 또는 이십만 년 주기로 반복되었으며 이는 과거 서해에 살았던 해양생물에게 새로운 환경에 적응해야 하는 진화의 촉매제 역할을 했을 것이다.

남해는 서쪽으로 추자해협, 동쪽으로 대한해협이 위치하고 있으며, 추자해협은 서해에서 유입되는 황해저층냉수, 서해연안수의 영향이 우세한 반면, 대한해협은 대마난류의 영향을 우세하게 받아, 두 지역이 해양학적으로 다를 뿐 아니라 어류상에서도 차이를 보인다. 최근 정치망에 의한 어류상 조사결과에 의하면 강진과 광양이 동일 생태권으로 묶이고, 기장과 거제, 제주가 동일 생태권으로 묶였다. 또한 전어, 복섬, 먹장어 등 집단 유전에 관한 연구에서도 남해 서부와 동부가 유전자 조성에서 의미 있는 차이를 보였다. 나아가 남해 서부에서 신종으로 보고된 고려홍어, 긴꼬리엄지도치, 흰줄왜먹장어 등은 남해 서부에 국한되어 분포하는 것으로 알려져 남해 서부 생물상에 관심이 집중되고 있다. 남해는 복잡한 해안선, 다도해, 갯벌로 이루어져 있고 담수 유입이 많다는 점에서 서해와 유사하지만, 대마난류의 영향으로 연중 수온이 높다는 점에서 서해와 잘 구분된다.

제주도는 대마난류의 직접적인 영향으로 2월 평균 수온이 15℃ 이상으로 높고, 연산호 군락지가 발달하여 아열대 어종이 서식하기에 최적의 환경조건을 갖추고 있다. 또한, 제주도 주변해역은 갈치, 참조기, 방어, 전갱이 등 회유성 어종의 월동장으로 중요한 기능을 가진다. 최근 표층수온의 상승으로 대만, 남일본 등지에서 볼 수 있었던 아열대 어종이 이제는 제주도에서도 흔하게 볼 수 있는 어종이 되었다. 어류

독도의 서도 어민숙소 앞 암반에 나무처럼 굵은 가지를 가지고 서식하는 대형 대황 군락

상 조사에서 제주도와 남해 동부가 하나의 단일권으로 묶였는데, 대마난류가 제주도에서 제주난류가 되고, 이 제주난류가 동쪽으로 이동하여 남해 동부를 지나 동해까지 북상한다는 증거가 있다. 이처럼 해류는 어류의 생태권을 하나로 연결해 주는 '생태 통로' 역할을 해 주며, 이러한 생태권 구조를 잘 이해한다면 향후 생태계 변동을 예측하는 데 많은 도움이 될 것이다.

동해 해양생태계 보전방안

건강한 동해 해양생태계를 보전하려면 인간이 동해에 미치는 부정적인 영향에 대해 깊이 고민해 보아야 한다. 다른 해역과 마찬가지로 동해 해양생태계에 가장 큰 영향을 주는 인위적인 요인으로 산업폐수, 생활폐수 등을 들 수 있다. 인구가 밀집된 포항과 울산, 강릉 등지에 하수종말처리장을 건립해서 정제된 담수가 바다로 유입될 수 있도록 노력해야 할 것이다.

바다에 버려진 폐어구는 플라스틱 재질로 분해되기까지 무려 수백 년의 시간이 소요되므로 유령어업, 해양생태계 교란 등 다양한 문제를 발생시킨다. 특히 남해나 서해와 달리 동해는 붉은대게나 북쪽분홍새우 등 심해 생물을 대상으로 하는 어업(통발, 저자망 등)이 발달하여 심해에 버려지는 폐어구 문제가 심각할 수 있다. 그 이유는 심해 폐어구는 수거 자체가 어렵기 때문인데, 따라서 동해의 경우 어구 실명제를 보다 강화할 필요가 있다.

동해에서 최근 대형어류(고래상어, 백상아리, 청상아리, 악상어, 흑가오리, 청새치, 개복치 등)의 출현빈도가 증가하고 있다. 대형어류는 해양생태계에서 상위포식자의 위치를 점하고, 또한 해양생태계를 조절하는 핵심종(keystone species)으로 그 중요성이 커지고 있다. 나아가 생태계 기반 수산자원관리의 필요성이 제기되면서, 대형어류의 보전방안에 많은 관심이 집중되고 있다. 대형어류는 수명이 길고 성장이 느려 남획에 민감하고 자원 회복이 어려운 종이 많다. 특히 상어나 홍어, 가오리와 같은 연골어류는 포획압이 높고 성숙에 드는 기간이 길고 산란수가 적어 자원고갈의 문제가 심각하다. 국제자연보존연맹(IUCN)에 의하면 이들은 대부분 멸종위기종, 취약종, 위기근접종으로 등재되어 있어 비록 적은 개체가 어획되더라도 소형 또는 중형어류

1. 독도 연안으로 올라온 심해어종 도루묵, 2. 고수온기 방문종 잿방어, 3-4. 독도 연안 중층에 무리 지어 사는 주거종들. 자리돔과 인상어

와는 다른 관점에서 남획 수준을 평가하고 보전방안을 마련해야 할 것이다.

동해 하면 독도를 빼 놓을수 없다. 독도는 원시 생태계가 비교적 잘 보존된 곳으로, 동해 죽변에서 동쪽으로 216.8㎞, 울릉도에서 동남쪽으로 87.4㎞ 떨어져 있다. 독도는 동도와 서도의 큰 섬 2개와 그 주위의 작은 부속 도서 89개로 이루어져 있다. 한국 동해안을 따라 북상하는 동한난류는 북쪽에서 내려오는 북한한류를 만나 북동쪽으로 방향을 틀어 울릉도로 향하고 이후 리만한류에 부딪쳐 다시 남서방향으로 되돌아오면서 독도를 지난다. 이처럼 독도 해역은 난류와 한류가 교차하고 유기물이 풍부한 저층수가 용승하여 높은 1차 생산력을 나타낸다. 독도는 1월 평균기온이 1℃, 표층수온은 10℃ 이상으로 온난한 해역에 속한다. 1년간 수중 다이빙 조사에서 독도에는 129종의 다양한 어종이 서식하며, 특히 아열대 어종이 많아 학계의 비상한 관심을 모으고 있다. 8월에 독도에서 1cm 미만의 자리돔 치어 떼가 발견된 점은 이미 자리돔이 독도 정착에 성공했음을 시사하며, 아직은 월동 가능성이 희박해 보이나 함께 관찰된 성어 해포리고기, 노랑자리돔, 연무자리돔, 파랑돔, 살자리돔 등도 표층수온의 빠른 상승에 따라 독도에 정착할 날이 머지않았음을 짐작할 수 있다. 독도의 해양생태계를 건강하게 유지하려면 우선 독도에 부정적인 영향을 주는 일체의 개발행위를 중단해야 한다. 과거, 해안가에 세워진 보초를 철거한 경우 생물종 다양성이 회복되었다는 연구 사례가 있듯, 독도에 세워진 시설물을 철거하거나 친환경적으로 개조한다면 원시 생태계 회복이 가능할 것이다. 또한 독도에서의 어업행위를 완전히 중단하거나 전통적인 수준에서 허가하는 등 새로운 대안을 모색할 필요가 있다. 독도를 '원시 보존지역'으로 지정하여 이와 같은 행위를 중단 또는 최소화한다면 독도의 원시 생태계 복원은 충분히 가능할 것이다.

3부
동해 인문학의 현장과 응용

수산역사로 보는 동해어업

김수희(독도재단 연구부장)

동해 문학 연구의 방향

하응백(한국지역인문자원연구소장)

옛 그림 속의 경상북도 동해

백남주(큐레이터)

해맞이 본고장, 영일(迎日)

이재원(포항지역학연구회장)

유배문화로 보는 동해

이상준(향토사학자)

수산역사로 보는 동해어업

1. 들어가기

우리나라 전래동화 중 멸치에게 폭력을 당해 동해의 물고기들이 떼병신이 되었다는 이야기가 있다. 전래동화에서 물고기가 등장하는 것은 매우 이례적이며 상품적 가치가 거의 없는 멸치가 제왕으로 등극해 동해안의 터줏대감 가자미, 문어 등 귀한 물고기들을 제압한다는 내용은 하극상의 풍조를 나타낸 것으로 시대상을 풍자한 것이다.[1]

조선시대 남해안의 멸치는 '병을 일으키는 천한 물고기'이자 식중독을 일으키는 물고기로 알려져 있었다. 5~6월 습기가 많고 따뜻한 날씨

---

[1] 동해안 물고기를 의인화한 전래동화 「멸치의 꿈」 이야기의 줄거리는 대략 이렇다. 한때 동해의 주인이었던 가자미가 잘못하여 멸치의 부하가 되었는데 그로부터 가자미는 멸치가 시키면 어떤 궂은일이라도 해야 했다. 그러나 멸치는 가자미를 무시하고 무대접히였으며 애교를 떨며 아부하는 서해안에서 온 망둥이만을 편애했다. 화가 난 가자미는 멸치에게 이렇게 직언하고 말았다. 멸치가 해몽하려던, 용이 되어 하늘로 승천한다는 것은 원산의 피 서방 '낚싯대에 낚아채여' 올라가는 것이고, 흰 구름이 뭉게뭉게 일어나는 것은 구울 때 '숯이 덜 구워져서 나는 연기'로 '3,000년이나 살다 비명횡사'함을 뜻하는 것이라고. 이 이야기를 들은 멸치는 가자미에게 폭력을 행사하였고 얻어맞은 가자미는 너무 세게 맞아 눈이 한쪽으로 몰려가 붙어버렸다. 그 옆에 있던 문어는 겁에 질려 눈을 엉덩이에 달아버렸고 병어는 입을 움켜쥐고 웃다가 공포를 이기지 못해 입이 조그맣게 되었다는 것이다. (전래동화 「멸치의 꿈」)

에 잡히는 멸치는 유독 빨리 상해 두통과 설사를 일으키는 물고기로 인식되어 어촌 마을 사람들은 잘 먹지 않았다. 때문에 멸치 자원은 풍부했지만 시장성이 크지 않아 대규모 어업으로 발전하지 않았다.[2] 동해안에서도 큰 어망으로 잡은 대량의 멸치를 모래사장에 그대로 말렸다.

그러나 개항기 일본인이 일본 시장으로 수출하는 비료용 멸치를 구입하면서 멸치어업은 대규모 어업으로 발전하였다. 남해안에서는 숙련된 일본 어민들이 진출하여 마른멸치를 제조하였고 동해안에서는 비료용 멸치가 수출됨에 따라 조선의 후릿그물어업이 발전하였다. 또한 일제 강점기 총독부가 조선 공업화 정책을 전개하면서 동해안에 경화유공장을 건설하고 정어리(멸치) 발전정책을 추진함에 따라 어업자본가의 투자 대상으로 부각되었다. 기선건착망이 동해안 어업을 장악하였고 정어리 제조 공장을 동해안 연안에 건설함에 따라 동해안은 정어리어장으로 변화하였다. 일제강점기 우리나라 어업의 특징은 동해안의 동력선 어업 발달로 멸치가 우리나라 총어획량의 50퍼센트를 차지하는 식민지적 어업구조의 형성이다. 이러한 기형적 어업구조는 동해안 어장에서 형성된 것이다.

근대기 동해안 어업은 조선의 전통적 어업이 확대·발전하는 과정에서 근대적 어구와 일본 자본가의 동력선 어업진출로 자본주의적 어업이 빠르게 진행되었다. 이러한 자본주의적 어업 발전에 주목해 근대경제학에서는 일제강점기 조선의 수산업을 어떻게 인식할 것인가에 대한 논의가 진행되었다. 기존의 '수탈과 저항'보다는 '발전과 유산'에 주목한 연구로 일본이 조선을 억압하고 착취한 것이 아니라 물적, 인적 자원을 개발했으며 이것이 1970년대 한국 수산업이 세계적인 수산강

---

2 김수희, 『근대의 멸치, 제국의 멸치』, 아카넷, 2015.

건조장에서 잘 마르는 멸치

국으로 도약할 수 있는 기반을 마련했다는 것이다. 이는 일제강점기 수산업을 발전의 시대로 파악하고자 하는 연구 방법론으로 동해안 어업 발전상에 주목한 것이었다. 여기에서는 동해안의 지리적·해양적 특성으로 발전한 동해안의 전통어업이 근대기 일본인 진출로 발전, 왜곡, 파괴되는 과정을 살펴보기로 하겠다.

2. 동해의 어족 자원과 전통어업

동해는 북쪽 두만강에서 부산까지 남북으로 대략 1,200여 해리에 달하는데 그 중앙부에 있는 원산만과 영일만을 제외하고는 굴곡이 거의 없어 좋은 정박지가 없다. 즉 단층애(斷層崖)가 바다에 이르러 어항의 발달을 크게 제약하였고 해저가 갑자기 깊어지고 1,000m 이상의 등심선은 해안에서 수십 해리 바다에 육박하여 대륙붕의 총면적은 겨우 5,500여 리에 불과하다.[3] 그리고 쓰시마 난류, 북선 해류의 한·난해류가 남북으로 흘러 봄철 수온이 상승하면 멸치, 고등어, 방어, 삼치 등의 난류성 어족이 남쪽에서 북상하였고 늦가을과 초겨울에는 명태, 청어, 대구 등의 한류성 어족이 남하하였으므로 일찍부터 동해안 어업은 회류성 어족을 중심으로 개발되었다.

조선 초기 동해안 어업을 기록한 자료가 없지만 『세종실록 지리지』(1454)와 『신증동국여지승람』(1530)에는 경상도 어류 26종, 강원도 17종, 함경도 22종이 수록되어 있다. 특이한 것은 조선의 3대 어업으로 알려진 명태와 멸치 기록이 없고 고등어, 대구, 상어, 광어, 청어, 방어, 숭어, 전어, 뱅어, 연어, 넙치, 은어, 송어, 쏘가리 등 현재 동해안에서 많이 나는 다양한 어류가 수록되어 있다. 명태는 말려서 산간벽지까지 공급될 정도로 소비량이 많았는데 명태의 최초 기록은 1652년 10월 8일 『승정원일기(承政院日記)』 기록이다. 사옹원 관원이 강원도 진상품을 논의하는 자리에서 '대구란 부족분을 명태란으로 채웠다'고 논하고 있다.[4] 멸치는 1750년 전라도 균세사(均稅使) 『균역행람(均役行覽)』에 '멸치망(滅致網)은 찬거리를 장만하는 소규모 어구로 세금을 부과하지 않았다'는 기록이 있다.[5] 멸치는 제주도를 비롯한 우리나라 전역에서 많이 잡혔지만 상품성이 거의 없는 국지적 어업이었다. 18세기 이후 명태와 멸치어업이 발전한 것으로 짐작된다.[6]

---

3 요시다 케이이치, 『조선수산개발사』(박호원·김수희역, 『조선수산개발사』, 민속원, 2019, 39쪽)
4 박구병, 『한국어업사』, 1975, 65쪽.
5 박구병, 「챗배어업사」, 『수산업사연구』7, 2000, 25쪽.
6 최초의 명태 기록은 1652년 『승정원일기(承政院日記)』이고 멸치는 1750년 전라도 균세사(均稅使)가 『균역행람(均役行覽)에 멸치망 기록이 있다.

『신증동국여지승람』은 강원도 고성군 풍속을 기록하면서 "(주민들은) 고기를 잡아 생업을 삼는다. 삼을 심어 길쌈하지 않고 노를 꼬아 그물을 만들어 고기 잡는 것으로 생업을 삼는다(捕魚爲業 種麻不紡績 索而爲網 以捕魚爲業)"라 하였다. 후릿그물어업 발생지로 알려진 고성에서는 길쌈을 하지 않은 삼으로 그물을 엮어 고기를 잡았다. 청어는 우리나라 전역에서 잡혔고 19세기 후반에 이르면서 흥해, 연일, 장기, 울산에서 많이 잡혔다. 이곳은 휘리망(揮罹網) 즉 후릿그물로 어획하였는데 국가에서는 휘리선에 1년 20량의 세를 부과했다.[7] 이렇게 동해에서 생산된 어류들은 북부 지방의 찬 공기와 낮은 온도를 이용한 동건법으로 제조하였고 연기로 그을려 말려 훈제하였다. 멸치는 모래사장에서 그대로 말렸다. 맑은 공기와 건조한 기상, 자연적 조건을 이용한 가공법은 우리나라 수산업의 특징이었다.

조선시대 동해안 어획물 중 명태, 고등어, 방어, 멸치는 주로 후릿그물로 어획하였는데 멸치 등 대형 물고기(떼)를 잡는 과정에서 어획되었다. 『난호어목지』에서는 "(멸치가) 방어에 쫓겨 올 때 그 기세가 바람에 치는 물결과 같아서 어부들은 방어가 오는 것을 보고 큰 그물로 포위하여 잡는다."고 하였다.[8] 『오주연문장전산고』는 "한번 그물로 잡으면 배에 가득 차고 해민들이 곧바로 말리지 않으면 썩어서 밭에 거름을 준다. 살아있는 것은 탕을 만들며 (날것으로는) 기름이 많아 먹을 수 없다. 그러나 북어가 전국에 퍼지는 것에는 미치지 못한다."고 기록하였다.[9] 동해의 지형적 특성에서 발달한 후릿그물은 현재 울진군 후포의 옛 지명 후리포(厚里浦)에서 따온 지명이다.

---

7 『均役廳事目』(규1124) 海稅第四.

8 徐有榘, 『蘭湖漁牧志』 魚名故 海魚 鯷鰌.

9 李圭景, 『五洲衍文長箋散稿』 권11 鰮魚辨證說.

후릿그물로 조업하는 어선 (출처: 위키백과)

3. 개항기 후릿그물 어장의 발전

우리나라 사람들이 선호하는 명태와 조기를 일본어업에 비유한다
면 멸치일 것이다. 일본인들은 멸치를 농업용 비료로 이용했고 명절
때마다 멸치를 이용해 특별 음식을 만들어 먹었다. 매년 많은 멸치를
어획함에 따라 흉어가 자주 발생하였고 매년 가격이 상승하였기 때문
에 일본의 농업 발전은 값싼 멸치를 공급하는 것이 전제 조건이었다.

조일수호조약으로 원산에 일본인들이 거주하면서 일본인들은 동해
안의 마른 멸치를 구입해 일본으로 수출하였다. 일본인이 멸치를 구입
하기 이전에는 자본주와 촌민이 공동어업을 하였지만 일본상인들이

멸치를 매수하면서 촌민들은 월 이자 30%, 어획물은 모두 자본주에게 매각할 것 등을 조건으로 돈을 빌렸다. 어업자금은 고리대금이었고 판매 시에는 시가보다 10문(文) 싸게 팔아야 했고, 빌린 금액을 미리 갚았더라도 조업기가 끝날 때까지 결제해 주지 않았다.

당시 후릿그물 어장에서는 멸치를 많이 잡았다. 강원 고성군 간성읍 동호리에서는 멸치잡이를 하면서 '메레치가 죽어야 내가 산다'는 멸치 후릿그물 노래를 불렀다.

산지가 산지다 / 우리야 동무들 / 잘두나 하구나 / 여싼자
동지야 섣날에 / 기나긴 밤에 / 님두나 안 온다 / 으여싼자
메레치가야 / 죽어야지만 / 내가야 산다 / 에싼자
동지나 섣날에 / 기나긴 밤에 / 마누라 생각 / 저절로 나구나 / 여싼자[10]

멸치어업은 5~7월, 9~10월 사이에 2번 이루어졌다. 망쟁이(선두)가 높은 산에 올라가 멸치떼가 오는 것을 관찰했는데 바다 표면을 주시하면서 만약 바다 위에 잡초가 뭉친 것처럼 까만색 덩어리가 움직이기 시작하면 큰 소리로 사람들을 불렀다. 망쟁이는 가는 눈으로 바다 위를 주시하며 크기, 색깔, 수면 위의 기포군을 보고 군집의 크기를 가늠하였고 기포가 나오는 방향에서 멸치 작업 여부를 판단하였다.

망쟁이가 "나오너라! 멸치 떼가 들어왔다, 나오너라!" 크게 소리치면 밭일을 하던 사람들이 서둘러 바다로 나간다. 멸치를 잡을 수 있는 거리는 해안에서 약 100미터, 깊이는 30미터 정도였다. 망쟁이는 산

---

10 최상일, 『우리의 소리를 찾아서』(돌베개, 2002), 253~254쪽.

위에서 빨간색 깃대로 지시를 하는데 깃대를 바닥에 두 번 탁탁 치면 "아구 떨어라(그물을 놓아라)"라는 신호였고, 깃대를 번쩍 들고 세우면 "좀 더 바다로 가라", 깃대를 오른쪽으로 돌리면 "에워싸라", 깃대를 돌리면 "돌아와라"라는 뜻이었다.

육지에서 기다리는 어민들은 망쟁이의 신호를 받으면 그물을 당기기 시작한다. 이러한 작업에 소요되는 어민은 14~15명 정도였다. 후릿그물에서 멸치를 퍼낼 때는 '산대'라는 도구를 이용하였다. 하루도 걸리고 이틀도 걸릴 정도로 많은 멸치를 푸면서 어민들은 "메레치가 죽어야 내가 산다"라는 노래를 불렀다.

개항기 동해안의 멸치수출량은 1882년 약 63만 근, 1887년 약 145만 근, 1889년 473만 근, 1891년 567만 근으로 10년 사이에 9배 증가하였다. 일본 시장이 개방되고 어업자본 투자로 강원도에는 수많은 후릿그물 어업이 운용되었다. 동해안 후릿그물어업은 비약적으로 발전하여 대부분의 마을에서 멸치어업이 이루어졌다.

1895년 10월 일본 낭인이 경복궁에 난입하여 명성황후를 살해한 이후 전국적으로 의병 봉기운동이 일어났다. 1896년 5월 강원도 강릉, 양양, 간성, 고성 등지에서 의병 1,000명이 일본 어민을 살해하였고 이 시체를 일본 관리에게 넘겨준 고성군수 홍종헌(洪鍾憲)도 보복 살해하는 의병운동이 발생하였다. 강원도 의병들은 멸치어장으로 몰려가 멸치어구를 빼앗고 부수고 불을 태웠고 일본어민과 조선인 관리들을 살해했다.[11] 의병들은 일본인들의 활동을 중단시키고 접촉을 막기 위해서는 멸치어업을 폐기해야 한다고 주장했다.

---

11 朝鮮協會, 「竹邊洞日本人15名虐殺事件」, 《朝鮮協會會報》 7호(1903)[동양학연구소, 「개화기일본민간인의 조선조사보고자료집」 3, 33~44쪽].

포항 월포해수욕장 후릿그물 체험 행사 모습 (출처: 〈경북일보〉, 2018. 6. 22.)

　어민들이 멸치를 잡아 그것을 마른 멸치로 만들어 일본인에게 판매하기 때문에 자연히 일본인과의 교류를 매개로 하는 멸치잡이가 더욱 성황하게 된다. 한인과 일본인의 교섭이 더욱 빈번할 수밖에 없으므로 멸치어망을 약탈하는 것이 한·일 인민의 교제를 차단하는 방책이 된다는 것이다.[12]

　의병들은 멸치어구를 파괴하면 일본인의 진출도 없어질 것이라고 생각했다. 원산주재 일본영사 후타구치 미쿠(二口美久)가 자국 정부에 제출한 보고서에 의하면, 강원도 어민들은 "(자신들에게) 호의를 표하고 의병을 격퇴해줄 것을 졸라대며 진정될 때까지 체류할 것을 원

---

12 「江原道沿岸 暴徒狀況 報告 件」, 『領事館報告』 1896년 5월 30일자[한철호, 「일본의 동해 침투와 죽변지역 일본인 살해사건」, 《동국사학》 54(2013)].

했다"고 한다. 강원도 멸치어민들은 일본 영사에게 의지하며 어장을 계속 이용하기를 원하고 있었다. 멸치어민들에게는 당장의 생계 해결이 미래의 일본 시장에 종속되는 상황보다 중요했다.

4. 나가기

근대기 동해안 어업은 일본 시장 개방과 일본인 자본 투자로 종속적 형태로 전개되었다. 일본 상인은 자본을 매개로 멸치를 매수하였고 어장을 소유하였다. 어장은 무분별하게 운용되었고 많은 그물이 운용됨에 따라 어장이 남획되었다. 강원도 의병들은 멸치어업을 반대하였고 조류의 흐름에 민감한 멸치들은 일본 어민들의 왕래와 일본식 어구 설치로 먼바다로 도망갔다. 동해안 조선인 어업은 어민들의 생계를 보장해 주지 않았다.

1920년 후반 함경도와 강원도를 중심으로 대규모 정어리(멸치)어장이 형성되었다. 정어리 기름과 찌꺼기를 분리하는 경화유공업 발전으로 동해안에는 일본의 거대 자금이 유입되었다. 일본 산업자본가들은 경화유공장을 청진과 나진 등지에 건설하여 정어리 기름을 정제하고 그 찌꺼기를 일본시장으로 수출함에 따라 동해안 각 연안에서는 정어리 제조 공장이 건설되었다. 동력선어업으로 조선인들은 어업노동자로 거듭났고 동해안 어촌에서는 '천 원짜리 지폐를 개들도 물고 다닌다'는 유행어가 생겨날 정도로 호황기를 맞이하였다.

이렇게 근대기 동해안이 일본 시장의 배후지로 활용되면서 전통

적 조선인 어업은 거의 소멸하였다. 명태어장은 동력선어장으로 전환되었고 청어어업은 고등어어장으로 변화하였다. 조선 최고의 청어어장으로 알려진 연일, 장기, 울산에는 일본 수산 재벌가 하야시카네(林兼)가 고등어 어업 근거지를 건설함으로써 17개의 일본인 운반업자와 102척의 동력선이 고등어잡이를 하였다. 이곳에는 부유한 일본인 어촌을 상징하는 '일본인 가옥거리'가 형성되어 대도시를 방불케 할 정도로 많은 일본인이 거주하였다. 지금도 이곳에는 '일본인 가옥거리'가 식민지 유산으로 남아 당시 번성했던 일본인들의 어업상을 알려주고 있다.

동해 문학 연구의 방향

하응백(한국지역인문자원연구소장)

1. 동해문학의 범위

지역 문학 연구의 출발은 그 지역 문학에 대한 정의에서 시작할 것이다. 동해 문학이라고 하면 한민족이 한반도에 살면서부터 동해 지역을 배경으로 하여 창작한 문학 작품 전체를 말한다. 이를테면『삼국유사』에 나오는「헌화가」가 바로 구체적인 동해의 문학이다.

> 자줏빛 바위 가에
> 잡은 손 암소를 놓게 하시고
> 나를 아니 부끄러워하신다면
> 꽃을 꺾어 바치오리다(고운기 역)

이 노래는 신라 제33대 임금인 성덕왕(재위 702~737) 때, 강릉 태수로 부임하는 순정공의 부인이었던 수로부인을 둘러싸고 벌어진 이야기에 더해진 노래다. 이 노래는 경주에서 강릉에 이르는 동해의 어느 장소에서 한 노옹(老翁)이 불렀다. 이 노래를 불렀던 곳이 어디냐를 두고 여러 설이 있지만 특정한 장소를 비정하기는 힘들어 보인다. 광범위하게 보면 경북 동해의 해안가에서 강원도 강릉에 이르는 어느 해안가에서 이 노래가 발생하였을 것이다. 「헌화가」와 수로부인과 노옹의 실체에 대해서는 여러 해석이 가능하다. 해석이 여러 가지로 가능하다는 것은 이 노래가 그만큼 신화적이며 설화적이라는 뜻이다.

　「헌화가」를 동해 문학이라고 규정한다 해도 아무런 문제는 없지만 이미 연구가 잘 되어 있는 향가 한 수를 굳이 끄집어내어 동해 문학의 범주에 넣고 논의를 시작한 의도는 동해 문학이라는 지역성을 한정하기 위해서이다. 『삼국유사』의 향가 11수 중 동해 문학의 범주에 들어갈 수 있는 작품은 「헌화가」와 「처용가」로 한정할 수밖에 없다.

영덕군 영해면 관어대

지역성의 한정은 해당 문학 작품의 범위를 좁히는 한계가 있기는 하지만, 반대로 지역성을 부각할 수 있는 장점이 분명 존재한다. 하지만 여기서 발생하는 문제가 있다. 동해는 함경북도, 함경남도, 강원도, 경상북도, 울산시, 부산시 등의 동쪽 바다를 다 아우르는 명칭이기에 광의의 동해 문학이라고 하면, 함경북도에서부터 부산에 이르는 모든 지역의 문학을 포괄해야 할 것이다. 그러나 정서적으로나 발생론적으로나 함경남북도의 문학과 경상북도의 문학은 그 함유하고 있는 내용이 달라 이질적이다. 때문에 이 원고에서 주로 이야기하는 경북 동해의 문학에 동해 전부를 포괄하기는 힘들다.

　실체적으로 본다면 동해의 문학은 누정(樓亭)에 기대는 부분이 상당히 많고 이는 관동팔경과 밀접한 관련이 있다. 고려 중기 이후 금강산 유람 문학과 이에 이어지는 관동팔경 문학은 상당히 파장이 커서여러 문학 작품으로 확산되는 경향이 많다. 통천의 총석정(叢石亭), 고성의 삼일포(三日浦), 간성의 청간정(淸澗亭), 양양의 낙산사(洛山寺), 강릉의 경포대(鏡浦臺), 삼척의 죽서루(竹西樓), 울진의 망양정(望洋亭), 평해의 월송정(越松亭)은 모두 누정문학의 중심지였다.

　경북 동해로 동해 문학을 한정할 경우 1963년 울진군이 행정 관할구역 변경으로 인해 경북에 편입되어, 경북 동해 문학은 관동팔경의 끝자락을 겨우 잡을 수 있게 되었다. 하지만 이러한 행정구역 위주의 구분보다는 강원도와 경북과 울산 동해를 다 포괄하는 동해 문학사 서술이 사실은 더 자연스러워 보인다. 예로부터 하나의 문화권으로 인식이 되어 상당한 동질적 요소가 있기 때문이다.

2. 경북 동해 문학의 전개

경북 동해(울진·영덕·포항·경주·울릉) 지역을 배경으로 하는 문학은 신라시대 이후 고려 중기부터 지역적 특성에 따라 전개되기 시작하였다. 신라시대 「헌화가」 이후 고려 중기부터 간간이 나타난 한시(漢詩)들은 주로 군·현에 부임한 관료나 유람객들이 객사나 누정(樓亭)에서 시를 짓는 것으로 시작되었다.

고려 중기에서 말기로 넘어가는 시기인 12~13세기에 김극기, 정흥, 신천, 박효수 등의 시들이 바로 그렇게 창작되었다.

보다 본격적으로 경북 동해 지역이 문학의 무대로 떠오른 것은 안축(安軸, 1282~1348)과 이곡(李穀, 1298~1351)의 등장 이후이다. 이들의 문학을 시발점으로 해서 고려 말 이색, 원천석에 이르면 경북 동해 지역을 배경으로 하는 문학은 상당히 성숙하게 된다. 특히 영덕 괴시리가 외가였던 이색의 문학은 당대와 그 이후 이 지역의 문학에 지대한 영향을 끼쳤다. 지방의 경제적 기반을 배경으로 과거를 통해 중앙 정계로 진출한 신흥 사대부층의 등장과 경북 동해문학의 융성은 궤를 같이하는 것이다.

이후 조선조에 들어서도 권근, 서거정, 김종직, 성현, 이언적, 이산해, 남구만, 윤선도, 성대중, 정약용 같은 대가(大家)들이 경북 동해 여러 지역을 배경으로 많은 문학 작품을 남겼다. 이들의 문학 작품은 시(詩), 부(賦), 기(記) 등으로 주로 나타나며, 그중에 시가 가장 많은 편이다. 경북 동해 지역 문학의 담당층은 고려 말 신흥사대부와 조선조의 양반 관료가 대부분이며, 이들이 문학을 남기게 된 동인(動因)을 살펴보면 다섯 가지 정도로 압축할 수 있다.

첫째, 생활의 근거지가 경북 동해 지역인 경우다. 이곡은 처가가 영덕 괴시리였다. 이곡의 아들인 이색은 괴시리에서 태어났다. 이색의 본가는 충남 서천이었지만 영덕을 자신의 고향으로 생각하고 살았다. 이곡과 이색은 경북 동해 지역과 관련된 많은 작품을 남겼다. 이색이 가진 막대한 영향력으로 말미암아 경북 동해 지역의 문학은 문학의 주 무대 중의 하나로 떠올랐다.

둘째, 관료 생활을 하며 문학을 창작한 경우다. 조선의 이석형, 서거정, 김종직 등은 이 지역에서 현감, 부사, 관찰사 등을 지내며 상당히 많은 문학 작품을 남겼다.

셋째, 이 지역에 유배를 오면서 문학을 창작을 경우도 있다. 안노생, 권근, 이산해, 윤선도, 정약용 등 여러 관료가 평해, 영덕, 장기 등으로 유배되었다. 특히 임진왜란 중 평해로 귀양 온 이산해는 다양한 장르에서 많은 문학 작품을 남겼다. 이산해는 평해에서 지은 작품을 『기성록』이라 하여 따로 한 권 분량의 책으로 엮을 정도였다. 이후에도 영덕에 유배된 고산 윤선도, 장기로 유배된 다산 정약용 같은 조선의 유명한 문인들도 여러 작품을 경북 동해 지역에서 창작하였다.

조선 중기 시인 이산해의 산문집 『기성록』

넷째, 여행이나 유람을 와서 창작한 문학 작품도 상당량 존재한다. 원천석, 성현, 채수, 이식 등이 그러한 경우다. 성현의 경우는 이 지역을 유람도 하였고, 경상도관찰사로 재임하여 순시도 하였다. 순시는 공식적인 업무 여행이지만, 문학 작품으로 발현될 때는 유람과 크게 다르지 않은 경우도 있었다.

다섯째, 그림을 보고 시를 남긴 경우다. 숙종과 정조의 어제시(御製詩)가 대표적이다.

경북 동해 지역은 근대사회 이전에는 나라의 중심에서 보면 변방에 해당할 것이므로 문학 작품이 많이 생산될 입지 조건이 아니었다. 하지만 고려 말 이후 안축, 이곡, 이색의 문학을 필두로 망양정, 월송정, 성류굴 등과 같은 빼어난 명승지에는 시인묵객들의 시(詩)와 기(記)가 상당히 많이 전해지고 있다. 한 지역의 문학을 사적(史的)으로 정리하는 것도 지역사를 이해하는 데 큰 도움이 되며, 문학사의 개별성(지역성) 확립에도 기초 자료로 활용될 수 있다.

완전한 문학사(文學史)는 한문·한글로 된 작품을 전부 망라해야 하며, 민간에서 창작된 한글 가사와 시조와 민요 등을 모두 취합하고, 현대에 들어서 창작된 작품까지 모두 포함되어야 할 것이나, 경북 동해 지역의 경우 한글 가사와 시조, 민요 등은 중심축이 아니다.

가사문학에 해당하는 신득청(申得淸, 1332~1392)의 「역대전리가(歷代轉理歌)」나 김한홍(金漢弘, 1877~1943)의 「해유가(海遊歌)」나 울릉도에 이주한 초기 이주민 정내기(鄭來驥, 1835~1896)가 1892년 지은 「정처사술회가」, 시조에 해당하는 이휘일(李徽逸, 1619~1672년)

의 「전가팔곡(田家八曲)」이 그런 경우다.

현대문학의 경우 평양 출신이지만 월남 후 주로 포항에 거주하며 주옥같은 수필을 남긴 한흑구(韓黑鷗, 1909~1979)나 포항 출신의 박남철(朴南喆, 1953~2014), 요즘도 활발한 창작을 하는 울진 출신의 김명인(金明仁, 1946~), 김혜순(金惠順, 1955~) 시인 등의 작품은 기억될 필요가 있다.

3. 경북 동해 문학 연구의 방법

경북 동해의 문학이든, 강원도를 포함한 동해 문학이든 그 연구를 위해서는 대상작품의 취합이 무엇보다 중요하다. 그 취합하는 방법은 다음 몇 가지로 나눌 수 있다.

첫째 시(詩), 부(賦), 기(記), 전(傳) 등 『신증동국여지승람』, 『여지도서』 등에 산재한 작품과 각 지역 군지(郡誌) 등에 있는 작품을 망라한다. 여기서는 누정(樓亭), 객사, 동헌 등과 관련 있는 자료가 취합된다.

둘째 이 지역과 관계가 있는 문인의 개별 문집의 전수조사를 통해 지역과 관련이 있는 작품을 추출한다. 이를테면 다음과 같은 목은 이색(李穡, 1328~1396)의 시는 상당히 의외다.

남은 삶(殘生) 1수(一首)

얼마 남지 않은 인생 입과 배만 생각하니

먹을 것만 찾는다는 평을 매양 받을밖에

서해의 등푸른생선이야 얼마든지 구하지만

동해의 보랏빛 게는 어찌나 맛보기 힘드는지

욕심을 어찌 모두 쉽게 채울 수 있으리요

아무거나 잘 먹고 몸만 살지면 그만이지

한 번 먹을 때마다 만전을 소비했던 자도

이마를 찡그렸다 하니 부러울 게 뭐 있으랴

殘生唯口腹 謀食每遭譏 西海靑魚賤 東溟紫蟹稀

慾心寧陽滿 支體可長肥 一食萬錢者 勞勞何足▣(이상현 번역/한

국고전번역원)

이 시에서 이색은 나이가 들어 영덕 지방의 대게를 먹고 싶은 간절
한 심정을 토로했다. 이색이 누구인가? 고려 말 떠오른 세력인 신흥사
대부의 가장 대표적인 사람이며 정몽주, 정도전 등의 스승이면서 선배
이다. 그런 그가 이런 시를 남겼다는 것은 훗날 다른 측면에서 사용할
수 있다는 의미에서 상당히 의미심장하다.[1]

셋째 이렇게 찾아낸 자료들을 종횡으로 엮어 의미망을 추출한다.
여기서 종횡이란 문학사 자체의 의미뿐만 아니라 지역의 역사(지역적
특수성)와 함께 의미망을 추출해 나가야 한다는 뜻이다.

---

1 영덕군에서는 해마다 3월 대게축제를 개최한다. 여기서 홍보하는 내용 중에는 태조 왕건이 영덕대게를 맛보았고 좋아
했다는 것이 있다. 그러나 여기에 대한 구체적이고 직접적인 역사적 근거는 없다. 이 지역을 지나갔을 것이니 이 지역에
서 나는 대게를 먹었을 것이다, 라고 추측한다. 그것에 비해 이색의 시는 대게 맛을 못 잊어 하는 그리움이 훨씬 더 생생
하게 표현되어 있다. 지역 문학사는 이런 자료를 발굴하여 지역민에게 제공하여야 한다.

영덕군 영해면 목은 이색기념관

이러한 지역 문학사 서술 방법에 대한 이론은 아직 정립된 적도 없고 학계에서 아직 시도해본 바도 없다. 하지만 지역 문학사는 지역 정신사와 문화사를 엮어가는데 상당한 공헌을 할 것으로 보인다. 앞으로 각 지역 거점 대학과 지역 문학 연구자들의 과제라 아니 할 수 없다. 이 글은 경북 동해 문학사 서술 과정에서 나온 부산물임을 밝힌다.[2] 따라서 경북 동해문학사의 시론(試論)적 성격이 강함도 밝혀둔다.

---

2 『경북동해생활문화총서』 제1권, 『경북 동해의 역사와 문화』(경상북도, 2020) 참조.

옛 그림 속의 경상북도 동해

백남주(큐레이터)

조선의 산하를 그린 실경산수화는 17세기 말부터 시작하여 19세기까지 유행하며 조선 후기 화단의 중요한 장르로 자리 잡았다. 물론 그 전에도 실재하는 경치를 그리는 경우가 없던 것은 아니지만, 조선 후기에 이르러 겸재 정선을 비롯하여 단원 김홍도와 같은 뛰어난 화가들이 등장하며 독창적인 작품을 많이 남겼다. 이들이 그린 실경산수화에는 조선 땅의 아름다움은 물론 당대의 예술 경향과 시대정신도 담겨 있어, 지금까지도 많은 이들의 사랑을 받고 있다. 실경산수화는 화면에 그려지는 제재들에 따라 전국의 명승지를 그린 명승도(名勝圖), 직접 현장을 다녀온 뒤 그린 기행사경도(紀行寫京圖), 야외에서 이뤄진 친목 모임을 그린 계회도(契會圖), 궁중의 모습을 담은 궁중실경도(宮中實景圖) 등 매우 다양하게 발전하였다. 그중 풍광이 아름답다고 이름난 명승지들을 묶어 팔경(八景), 혹은 십경(十景)으로 명명하고, 그 곳을 방문한 뒤 그린 '기행사경도' 종류가 관료나 사대부 계층을 중심으로 특히 많이 그려졌다.

실경산수화를 제작하기 위해서는 원칙적으로 현장에 직접 가서 경치를 보고 사생해야 하지만, 지금과는 달리 조선 시대에 사대부 계층이 아닌 일반 백성이 여행을 다니기란 쉬운 일이 아니었다. 그나마 화원 화가들은 왕이나 주문자의 후원이 있을 때, 혹은 지역에 연고가 있으면 여행을 갈 수 있었고, 그곳에 가서 현지의 경치를 그릴 수 있었다.

18세기를 대표하는 문인화가 강세황은 그의 장남과 차남의 부임지였던 관동과 경북 일대를 유람하며 기행 스케치를 남겼고, 겸재 정선은 청하 현감으로 발령받은 뒤 부임지 근방과 관동지역의 명승지를 소재 삼아 실경산수화를 그렸다. 화원 화가였던 단원 김홍도 역시 임금인 정조의 어명으로 관동지역과 금강산 일대를 답사한 뒤 현지의 풍광을 사생하고 그림으로 그려 임금께 진상하였다.

현재 알려진 경상북도 동해안을 그린 그림들은 대부분 금강산을 포함한 관동지역의 명승지를 그린 것과 금강산 지역을 제외한 관동지역의 명승 8곳(혹은 10곳)을 그린 '관동팔경도(關東八景圖)' 류가 주를 이룬다.

'관동팔경도'는 현재 여러 작품이 전해지는데 강세황, 정선, 허필, 이방운 등 사대부 문인화가들의 작품과 정충엽, 김응환, 김홍도 등 직업화가들의 작품이 남아있다.

그밖에 울진 성류굴과 포항 내연산의 폭포, 그리고 옛 청하읍성을 그린 그림 몇 점이 전해지고 있어 당시의 모습이 어떠했는지 가늠해 볼 수 있다.

1. 관동팔경도 속의 경북 동해안

경치가 뛰어난 대관령 동쪽의 여덟 곳을 선정하여 관동팔경(關東八景) 또는 영동팔경(嶺東八景)이라고 하였다. 일반적으로 통천의 총석정(叢石亭), 고성의 삼일포(三一浦), 간성의 청간정(淸澗亭), 양양의 낙산사(落山寺), 강릉의 경포대(鏡浦臺), 삼척의 죽서루(竹西樓), 울진의 망양정(望洋亭), 평해의 월송정(越松亭)을 말하며, 월송정 대신 흡곡의 시중대(侍中臺)를 포함하는 경우도 있다. 망양정과 월송정은 행정구역상 현재는 경상북도에 포함되며, 삼일포, 총석정, 시중대는 북한지역에 있다.

관동팔경은 자연경관도 아름답지만 경치와 잘 어울리는 정자나 누대가 함께 있는 경우가 대부분이어서 이곳을 방문했던 가객들은 경치를 감상하며 풍류를 즐겼고, 현장에서 받은 감동을 문학 작품 및 그림(첩이나 병풍)으로 남겨놓아 지금까지 전해진다.

전해지는 '관동팔경도' 중에는 조선 후기를 대표하는 진경산수화의 대가 겸재 정선과 단원 김홍도의 작품이 유명하며, 문인화가인 연객 허필과 기야 이방운 그리고 화원 화가인 복헌 김응환의 작품도 전해진다. 그밖에도 관찰사가 자신의 임지였던 관동지역을 순력하고 제작한 《관동십경도(關東十景圖)》 시화첩도 전해진다.

간송미술관에 소장된 겸재 정선(謙齋 鄭敾 1676~1759)의 《관동명승첩(關東名勝帖)》에는 관동팔경과 그 주변 명승지 11곳의 풍광이 담겨 있다. 그림은 정자연도, 수태사 동구도, 총석정도, 삼일포도, 해산

정도, 천불암도, 청간정도, 죽서루도, 시중대도, 월송정도, 망양정도 순으로 구성되어 있다. 이중 월송정과 망양정 그림이 경상북도 동해안의 모습이다. 이 화첩에 수록된 작품들에서는 정선의 초기 화풍은 물론이고, 개성을 강조했던 만년의 작풍까지 모두 발견된다. 겸재는 망양정과 월송정을 중심에 두고, 정자 주변의 풍광을 대담하게 그렸는데, 본인이 보기에 중요하지 않다고 보이는 부분은 과감하게 생략하고 인상에 남은 장면을 강조해, 실재하는 풍경이 아닌 이상적인 경치가 그의 손끝에서 새롭게 탄생하였다. 나무나 바위 그리고 건물을 그릴 때는 잔 붓질을 많이 사용하지 않는 대신, 물기 있는 먹을 듬뿍 찍은 붓으로 그어 내린 선들 때문에 화면 전체에선 생동감이 느껴진다. 특히 솔잎을 묘사할 땐, 먹의 농담 조절에 조화를 이뤄, 정선의 실경산수화에서 보이는 독특하고 개성적인 아름다움이 잘 드러난다.

〈망양정〉, 정선, 1738, 종이에 엷은 채색, 57.8cm×32.3cm, 《관동명승첩》11면, 간송미술관 소장

〈월송정〉, 정선, 1738, 종이에 엷은 채색, 57.8cm×32.3cm, 11면, 《관동명승첩》, 간송미술관 소장

　단원 김홍도가 그렸다고 알려진 《금강사군첩(金剛四郡帖)》이나 《해동명산도첩(海東名山圖帖)》 속의 망양정과 월송정은 같은 소재를 선택했지만, 정선이 그린 것과는 사뭇 다른 모습이다. 짧은 선을 연이어 사용하여 바위 표면의 질감을 표현한 점이나, 꼼꼼하게 그린 나뭇잎의 모습, 그리고 망양정과 월송정을 중심으로 주변의 경치를 그대로 화면에 옮겨온 듯, 진경산수화를 그릴 때 현실 재현에 충실했던 김홍도 특유의 화풍이 잘 드러난다.

〈망양정〉, 전 김홍도, 1788년, 비단에 엷은 채색, 30.4cm×43.7cm, 《금강사군첩》, 개인소장

〈월송정〉, 전 김홍도, 1788년, 비단에 연한 채색, 30.4cm×43.7cm, 《금강사군첩》, 개인소장

〈망양정〉, 전 김홍도, 1788년 이후, 종이에 먹, 30.5cm×43cm, 32면,《해동명산도첩》, 국립중앙박물관 소장

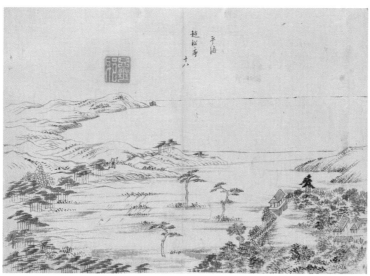

〈월송정〉, 전 김홍도, 1788년 이후, 종이에 먹, 30.5cm×43cm, 32면,《해동명산도첩》, 국립중앙박물관 소장

그밖에도 문인화가 허필(許佖 1709~1768)과 이방운(李昉運 1761~1815 이후), 그리고 다른 화원 화가인 김응환(金應煥 1742~1789)이 그린 관동팔경도 속의 망양정과 월송정의 그림이 남아있다.

허필이 그린 〈관동팔경도〉 속의 망양정과 월송정 그림을 보면 화보(畵譜)에서 볼 수 있는 경물의 배치나, 나무와 가지를 그리는 방식(樹脂法), 바위의 표현, 건물의 지붕이나 나뭇잎 등의 묘사가 많다. 색을 칠할 때는 맑은 담채를 많이 사용하여 전체적인 분위기를 가볍고 밝게 표현하였다. 이처럼 화보방식을 많이 차용한 점이라든지, 사의(寫意)성 강한 전통적인 남종화법(南宗畵法)을 추구했다는 점에서 문인화가 허필의 특징을 발견할 수 있다.

〈월송정〉, 허필, 18세기, 종이에 엷은 채색, 85cm×42.3cm, 선문대학교박물관 소장

〈망양정〉, 허필, 18세기, 종이에 엷은 채색, 85cm×42.3cm, 선문대학교박물관 소장

몰락한 양반 출신 이방운은 직업 화가에 가까운 삶을 산 것으로 알려져 있다. 그는 그리고자 하는 대상의 특징을 잡아 소략하게 표현하거나, 맑은 담채를 사용하여 무겁지 않게 채색하였다. 힘이 넘치는 붓질 등에서 이방운의 화가 다운 개성을 찾아볼 수 있다. 특이하게 그의 망양정 그림에는 다른 망양정 그림에서는 보기 힘든, 정자에 앉아 바다를 바라보고 있는 인물이 등

〈망양정〉, 이방운, 18세기, 종이에 엷은 채색,《관동팔경도병》, 61.7cm×35.2cm, 국립중앙박물관 소장

장한다. 전체적으로 담백하고 맑은 느낌의 실경을 그렸지만, 화보에서 본 듯한 구도나 표현방법도 많이 보여, 조선 후기에 유행한 진경산수화에서 많이 보이는 사실적 풍경의 재현이라는 특징은 찾기 어렵다.

김홍도와 더불어 조선 후기를 대표하는 화원 화가인 김응환은 영동 지역 아홉 개의 군과 금강산을 다녀온 뒤, 현지의 모습을 그린 화첩을 제작하여 왕에게 바쳤다. 그가 그린《해악전도첩(海嶽全圖帖)》중 네 번째 화첩에 망양정과 월송정 그림이 있다. 그는 그리고자 하는 대상을 보았을 때 발견한 특징이나 개성을 표현하는데 집중했던 것으로 보인다. 자연 경물들을 그릴 때는 원래의 모습보다 단순화시켰고, 선들을 수직과 수평으로 중첩하여 긋는 방식을 선호하였다. 색을 쓸 때는 청록색과 회색 계열 안료를 선호하였는데, 물을 많이 사용하여 맑은 담채로 산과 하늘을 그렸다. 바다나 호수, 폭포의 포말을 표현할 때는 흰색 안료를 적절히 이용하여 물방울의 운동감을 강조하였다.

〈망양정〉, 김응환, 1788~1789, 비단에 채색, 32.2cm×43cm,《해악전도첩》, 개인소장

〈월송정〉, 김응환, 1788~1789, 비단에 채색, 32.2cm×43cm, 《해악전도첩》, 개인소장

　문인 화가나 직업화가 들이 그린 관동팔경도 외에 현직 관료가 직접 화가를 대동하여 현장을 방문하고, 그 결과물로 화첩을 만든 예도 전해진다. 1745년부터 1746년까지 강원도 관찰사를 지냈던 김상성(金尙聖 1703~1755)은 강원도 지역을 순력(巡歷:조선 시대에 관찰사(觀察使)가 자기 관할 내의 민정을 시찰하던 일)한 뒤 《관동십경도첩》을 제작하였다. 그는 순력 당시 지방 화사(畵師)를 대동하여, 관동지방 명승지 가운데 흡곡 시중대, 통천 총석정, 고성 삼일포, 해산정, 간성 청간정, 양양 낙산사, 강릉 경포대, 삼척 죽서루, 울진 망양정, 평해 월송정을 그리게 하였다. 화첩에는 이때 그린 명승지의 모습과 문인들이 감상평으로 쓴 시 66편이 함께 실려 있다. 안타깝게도 현재 '월송

정' 그림은 사라지고 9점의 그림만 남아있다. 화첩 속의 관동십경을 그린 화가는 높은 곳에 올라 아래를 내려다본 시점과, 정면에서 바라본 시점을 조합하여 각 명승지를 묘사하였다. 청록색 위주의 안료를 주로 사용하였고, 바다나 호수가 육지와 산을 둥글게 둘러싸고 있는 구도를 선호하여, 총석정을 제외하고 대부분이 원형 구도로 그려졌다. 산수화보다는 그림지도(地圖)에 가깝게 보인다.

〈망양정〉, 작가미상, 1746~1748, 비단에 채색, 31.5cm×22.5cm,《관동십경도첩》, 서울대학교 규장각 한국학연구원

조선 말기가 되면 병풍 형식의 민화풍 관동팔경도가 주로 많이 제작되었다. 감상용이라기보다는 집안을 장식하는 용도로 제작된 것으로 보인다. 민화풍 관동팔경도 병풍 중에는 이전 시기에 보이지 않던, 한 화면에 두 가지의 장면을 동시에 배치한 변형된 형식이 등장하였다.

삼척시립박물관 소장 〈관동십경도병〉은 한 폭에 두 개의 명승을 그렸는데, 상단에는 원형 윤곽선 안에 무이구곡(武夷九曲: 중국 복건성 무이산에 있는 아홉 구비 계곡으로 송대 유학자 주희(朱熹)의 고향)을 1곡부터 9곡까지 배치하였고, 하단에는 관동십경(평해 월송정, 울진 망양정, 삼척 죽서루, 강릉 경포대, 양양 낙산사, 간성 청간정, 고성 삼일포, 풍암 해금강, 통천 총석정, 흡곡 시중대)을 사각형 윤곽선 안에 그렸다.

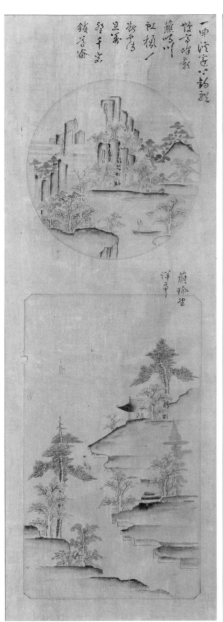

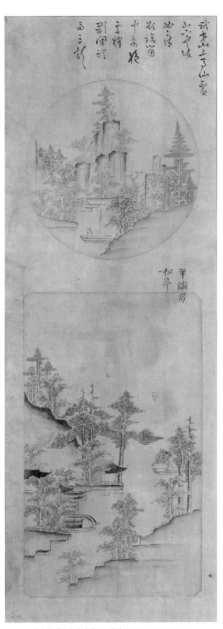

〈월송정〉, 작가미상, 19세기, 152.5cm×55.4cm,
《관동십경도병》, 삼척시립박물관 소장

〈망양정〉, 작가미상, 19세기, 152.5cm×55.4cm,
《관동십경도병》, 삼척시립박물관 소장

옛 그림 속의 경상북도 동해 221

국립춘천박물관 소장의 〈관동팔경도병〉은 실재하는 관동팔경을 이상향의 공간으로 변형시켜 그린 작품이다. 모든 폭에 제시가 적혀있으며, 청색과 적색 계열의 안료를 다채롭게 사용하여 맑은 담채로 그렸다.

〈월송정〉, 작가미상, 1872년, 종이에 엷은 채색, 48.7cm×37.7cm,《관동팔경첩》, 국립춘천박물관 소장

〈망양정〉, 작가미상, 1872년, 종이에 엷은 채색, 48.7cm×37.7cm, 《관동팔경첩》, 국립춘천박물관 소장

2. 기타 지역의 그림 - 성류굴(聖留窟), 청하성읍(淸河城邑), 내연산 삼용추(內延山 三龍湫)

(1) 성류굴(聖留窟)

성류굴은 행정구역상 경상북도 울진군 근남면 구산리에 있는 명승지로, 하늘 높이 솟은 바위 아래 4백여 미터 뚫린 석회 동굴의 기이한 모습 때문에, 예로부터 명성이 자자하여 많은 사람이 방문했던 곳이다. 게다가 주변의 아름다운 풍광 때문인지 신선이 머물렀던 곳이라는 의미의 '선유굴(仙遊窟)'로도 불렸고, 석회암이 녹아 만들어진 굴이라는 의미의 '석류굴(石溜窟)'이 발음이 같은 '성류굴(聖留窟)'로 바뀌었다고도 전해진다.

조선 시대 발간된 지리서인 『신증동국여지승람』에 따르면 성류굴의 옛 이름은 탱천굴(撑天窟)로 '하늘로 연결된 굴'이라는 의미를 담고 있다고 한다.

석회 동굴인 성류굴의 내부에는 종유석과 석순, 동굴방패, 동굴산호 등 석회암이 녹으면서 만들어낸 아름다운 비경이 펼쳐져 지하의 금강산이라는 별칭도 생겼다. 성류굴 주위로는 왕피천(王避川)이 흘러 동해에 이른다.

조선 시대에 겸재 정선과 단원 김홍도 역시 지인들과 함께 성류굴을 찾아 탐사하고, 현장의 모습을 그림으로 남겨놓았다. 두 사람은 같은 곳을 방문하고 그곳의 모습을 그림으로 그렸지만, 남겨진 작품을 보면 두 사람이 갔던 곳이 과연 같은 곳일까 궁금해진다.

〈성류굴(聖留窟)〉, 정선, 18세기, 종이에 엷은 채색, 28.5cm×27.2cm, 간송미술관 소장

간송미술관에서 소장 중인 정선의 성류굴 그림은 실제 모습과는 완전히 다른, 작가가 새롭게 해석하여 그려낸 성류굴의 모습이다. 거대한 기둥 모양의 바위가 화면 중앙에 솟아 있고 그 주변으로 나지막한 산봉우리들이 이어져 있다. 바위의 밑자락을 휘감고 돌아나가는 왕피천의 물결 때문에 마치 바위가 물에서 솟아오른 것처럼 보인다. 솟아오른 큰 바위를 그릴 때는 큰 붓에 먹을 잔뜩 묻혀 한 번에 그었는데 빠른 붓질로 인해 바위의 존재가 두드러져 보인다. 바위 정상부에는

소나무를 빽빽하게 그렸는데, 먹의 농도 차를 두어 솔잎의 입체감을 표현하였다. 주변의 산과 산등성이에 그려진 솔잎에도 붓질을 빠르게 한 흔적이 뚜렷하게 보인다.

김홍도가 그렸다고 전해지는《금강사군첩》속의 성류굴 모습과, 이 그림의 밑그림으로 추정되는《해동명산도첩》속의 성류굴 모습은 현장의 사실적인 모습을 카메라로 찍은 것처럼 묘사하였다. 화면에 생동감을 불어 넣는 대각선식 구도나, 각이 진 바위의 표현방식, 흐르는 물을 그릴 때 주로 사용하는 포말의 형식 등에서 김홍도의 개성이 잘 드러나는 붓놀림과 화면 구성 방식이 보인다.

성류굴 그림은 같은 장소를 그리면서, 다르게 해석한 두 작가의 개성을 볼 수 있다는 면에서 색다른 재미를 주는 작품이다.

〈성류굴〉, 전 김홍도, 1788년, 비단에 엷은 채색, 30.4cm×43.7cm,《금강사군첩》, 개인소장

〈성류굴〉, 김홍도, 1788년 이후, 종이에 먹, 30.5cm×43cm,《해동명산도첩》, 국립중앙박물관 소장

(2) 청하성읍(淸河城邑), 내연산 삼용추(內延山 三龍湫)

청하현(淸河縣)은 현재의 포항시 북구 송라면, 청하면 일대를 관할하던 옛 행정구역으로 조선시대에는 북쪽으로 영덕, 남쪽으로 흥해, 서쪽으로는 경주 북부와 접하고 있었다. 해안지역에는 신라 때 군영이 있었다고 하는 개포(介浦)와 여러 해안 취락이 발달했다.

1733년 영조 임금의 명을 받고 청하현감으로 발령받은 겸재 정선은 취임하던 해에 〈청하성읍도〉를 그렸다. 이 그림은 현재 겸재 정선 미술관에서 소장하고 있는데, 정선이 현감으로 재직했던 청하읍성과 근처의 풍경을 높은 곳에서 내려다본 것처럼 그렸다. 화면 중앙에 성벽

을 사각형으로 두르고 그 안에 관아(官衙)를 배치하였다. 성안에는 객
사와 동헌이 세워져 있고, 객사 구역의 큰 누각은 해월루(海月樓), 동
헌은 칠정헌(七政軒)이라는 현판을 달고 있으며 여러 채의 기와집이
있다. 성읍 뒤쪽으로는 호학산(呼鶴山)을, 관아의 아래쪽으로는 갯벌

과 솔밭을 그렸다. 멀리 보이는 토산은 물을 적게 묻힌 마른 붓질로 윤곽을 그리고, 미점(米點)을 찍어 산줄기를 표현하였다. 빠른 붓질을 이용하여 물기 많은 먹으로 속도감 있게 묘사한 소나무 숲은 정선 회화의 특징을 잘 보여준다. 그림 상단에 '자손 대대로 소중하게 전해지기를 바란다'는 의미의 '천금물전(千金勿傳)'이란 글씨가 새겨진 도장이 찍혀있다.

청하읍에 부임한 다음 해인 1734년 가을, 정선은 내연산을 방문하고, 용추 계곡 3단 폭포 근처의 바위 면에 "갑인년 가을 정선(甲寅秋鄭歚)"이라고 글씨를 새겼다. 내연산은 경상북도 영덕군과 포항시에 걸쳐있는 산으로 기암괴석과 폭포가 많은데 12폭포가 유명하고, 계곡이 아름다운 곳으로 알려져 소금강(小金剛)이라고도 불린다. 현재 겸재가 그린 〈내연산 삼용추〉도는 국립중앙박물관과 삼성미술관 리움에 각 한 점씩, 모두 두 점이 전해진다.

국립중앙박물관이 소장한 〈내연산 삼용추〉도는 비교적 작은 크기의 작품으로, 내연산 12폭포 중 경치와 풍광이 가장 뛰어나다는 5,6,7폭포를 3단으로 배치한 작품이다. 쌍폭이 6번째 폭포인 관음 폭포이며, 그 옆에 관음굴도 함께 그렸다. 위에서 아래로 죽죽 그어 내린 필선으로 폭포 주변의 바위와 폭포를 표현하였다. 마치 시원하게 떨어져 내리는 폭포 소리가 그림 밖에까지 들리는 것 같아, 정선의 특기인 청각의 시각화를 잘 구현한 작품 중 하나다. 그림에는 사람들이 등장하지 않고, 화면 상단 절벽 위에 집 한 채만 덩그러니 그려져 있어, 폭포

소리로 둘러싸인 공간 속 시간이 멈춘 듯 느껴진다. 그림 왼쪽 상단에 '내연산삼용추 겸재(內延山三龍湫 謙齋)'라고 쓰여 있다. 삼성미술관 리움 소장 〈내연산 삼용추〉도에 비해 시야가 좀 더 확장된 것처럼 보여 같은 장소를 그리더라도 다른 표현방식을 사용한 점이 흥미롭다.

〈내연산 삼용추〉, 정선, 1734, 비단에 먹, 44.5cm×35cm, 국립중앙박물관 소장

삼성미술관 리움에서 소장하고 있는 〈내연산 삼용추〉도는 세로로 긴 족자 형식의 그림으로 문수 폭포, 관음 폭포와 관음굴, 연산 폭포를 순서대로 한 화면에 담은 것은 같지만, 화면 중간 관음 폭포 아래 너럭바위와 그곳에 앉아 폭포를 바라보는 사람들을 그렸다. 등장인물은 정선과 함께 온 일행으로 보이는 양반들과 시종 그리고 승려 등 모두 7명이다. 중단 폭포에서 상단으로 가는 중간에 사다리를, 절벽 꼭대기에는 건물을 한 채 그렸는데 현재는 터만 남아있는 계조암으로 보인다. 그림 상단엔 겸재와 한동네에 살면서 30년간 교유 관계를 유지했던 선비 화가 관아재(觀我齋) 조영석(趙榮祏)이 쓴 제시가 적혀있다.

〈내연산 삼용추〉, 정선, 1734, 종이에 수묵, 134.7cm×56.2cm,
삼성미술관리움 소장

참고 및 인용 문헌

김상성 외, 서울대 규장각 옮김,『관동십경 시화첩』, 효형출판, 1999

박해훈,『한국의 팔경도』, 소명출판, 2017

이태호,『옛 화가들은 우리 땅을 어떻게 그렸나』, 생각의 나무, 2010

진준현,『단원 김홍도 연구』, 일지사, 1999

『회화 41 대겸재』, 간송문화 66, 한국민족미술연구소, 2004

『단원 김홍도: 탄신 250주년 기념 특별전』, 국립중앙박물관, 1995

『삼척 죽서루: 성스러운 땅, 나는 듯한 루(관동팔경 특별전 III)』, 국립춘천박물관, 2015

『우리 땅, 우리의 진경: 조선시대 진경산수화 특별전』, 국립춘천박물관, 2002

『우리 강산을 그리다: 화가의 시선, 조선시대 실경산수화』, 국립중앙박물관, 2019

박은령,「연객 허필의 서화연구」, 고려대학교 대학원 석사논문 , 2014

양혜원,「근대기 관동팔경도 연구」, 원광대학교 대학원 석사학위논문, 2018

윤혜진,「기야 이방운의 회화연구」, 홍익대학교 대학원 석사논문, 2006

이보라,「조선시대 관동팔경도 연구」, 홍익대학교 대학원 석사학위논문, 2006

정정숙,「겸재 정선의 진경산수화연구 - 지방관부임 시기의 작품을 중심으로」, 세한대학교 대학원 석사논문, 2020

정찬민,「해안문화유산 주변 경관관리 방안에 관한 연구 – 관동팔경 중 망양정, 월송정을 중심으로」, 서울시립대학교 대학원 석사학위논문 , 2011

최진우,「《금강사군첩》으로 본 단원 김홍도의 진경산수화 구도와 시점 연구」, 전남대학교 대학원 석사학위논문 , 2000

한국고전종합DB http://db.itkc.or.kr/

국립중앙박물관 https://www.museum.go.kr/site/main/home

겸재정선미술관 http://gjjs.or.kr/new/

향도문화대전http://m.grandculture.net

경북일보 https://www.kyongbuk.co.kr

울진뉴스 http://uljinnews.com/news/view.php?no=6769

해맞이 본고장, 영일(迎日)

이재원(포항지역학연구회장)

해가 뜨지 않는 곳이 어디 있으랴. 특히 해가 뜨는 동해에는 지역 명칭에도 해와 관련된 곳이 많이 있다. 그중 경상북도에 있는 영일(迎日)이라는 지명이 대표적이라 할 수 있겠다. '해를 맞이한다'라는 의미의 영일은 포항지역의 오래된 이름이다. 1914년 행정구역 개편 때 영일군으로 하였는데 그 이전에는 청하, 흥해, 연일(영일), 장기 네 개의 군현이 있었다. 이중 현재 포항시 남구에 해당하는 연일과 장기는 특히 해와 바다와 관련된 지명이 많이 남아있다.

영일땅이 해와 관련된 고장이라는 것은 삼국유사의 '연오랑세오녀' 이야기로 거슬러 올라간다. '연오랑세오녀' 이야기는 바로 '일월사상'에서 유래하는 해와 달의 이야기이다.

동해 바닷가에 연오랑세오녀부부가 살았는데, 하루는 연오랑이 바다에 해조류를 따라 나갔다가 큰 바위가 나타나 그를 싣고 일본으로 가버렸다. 그는 일본에서 왕이 되었다. 한편 세오녀는 남편이 돌아오지 않자 바닷가에 찾으러 갔다가 그 역시 바위를 타고 일본으로 건너가게 된다. 이때 신라에서는 해와 달의 광채가 없어졌다. 그래서 왕이 사자를 보내서 두 사람을 찾으나 연오랑은 돌아가는 대신 세오녀가 짜준 비단을 주면서 하늘에 제사를 지내면 될 것이라고 말해준다. 사자가 돌아와서 전하여 나라에서 그 말대로 하늘에 제사를 올렸더니 해와 달이 전과 같이 되었다 한다. 나라에서 그 비단을 보물로 삼고 창고에 보관하였는데 그 창고 이름이 '귀비고'라 하고 하늘에 제사 지낸 곳을 '영일현' 또는 '도기야'라고 하였다는 내용이다. '도기야'는 과거 영일진이 들어서 있던 현재의 포항 해병1사단과 포항공항부지 일대로 비정된다. 과거에는 이곳에 일월면에 속하는 12개 부락, 동해면에 속하는 18개 부락이 옹기종기 있었다. 1914년 행정구역 통폐합 시 일월면의 부락들은 오천면에 통폐합되어 그 명칭은 사라지고 없다. 없어진 일월면이나 현존하는 동해면이나 모두 지명 자체가 해가 뜨는 동쪽바다를 상징하고 있다.

연오랑세오녀가 일본으로 떠난 후 일월의 정기가 없어졌을 때, 연오랑이 보내준 비단으로 제사를 지냈다는 장소가 바로 일월지(日月池)이다. 현재 일월지는 포항시 남구 오천읍 용덕리 60번지 현재 해병대 부대 안에 있으며 경상북도 기념물 제120호로 지정되어 있다. 부근에 신라 때부터 내려오는 천제당이란 사당이 있었으나, 일제강점기 때 철거되어 버렸다고 한다.

또한 영일현은 신라시대 때 국가 차원에서 제사를 지내던 중요한 곳이었다. 신라는 제의체계로 명산대천제(名山大川祭)가 있었다. 제사 대상이 되는 산천의 중요도에 따라 등급화하여 대사(大祀)·중사(中

祀)·소사(小祀)로 나누어 국가에서 제사를 올렸다. 대사에는 3개 산이 속하였고 중사는 5악(岳), 4진(鎭), 4해(海), 4독(瀆)으로 나누어졌다. 즉 동·서·남·북·중앙의 방위에 따라 중요한 명산과 대천 등이 정해졌다. 삼국사기에 따르면 '사해(四海)는 동쪽의 아등변(阿等邊) 근오형변(斤烏兄邊), 퇴화군(退火郡)이다. 남쪽의 형변(兄邊) 거칠산군(居漆山郡), 서쪽의 미릉변(未陵邊) 시산군(屎山郡), 북쪽의 비례산(非禮山) 실직군(悉直郡)이다.'(『삼국사기』권32 잡지 제1 제사조)라고 나온다. 동쪽의 아등변은 퇴화군에 있는데 퇴화군은 의창군의 옛지명이고 (『삼국사기』권34 잡지 제3 지리조) 근오형변은 근오지현(고려시대 영일현)으로 추정된다. 한편, 남쪽 거칠산군의 형변은 부산으로 추정되며, 서쪽 시산군의 미릉변은 전북 군산으로, 북쪽 실직군 비례산은 삼척으로 추정된다.

일월지. 연오랑이 보내준 비단으로 하늘에 제사를 지낸 장소로 알려져 있다. 경상북도 기념물 제120호.

연일(延日) 혹은 영일(迎日)

연일현은 신라 때 근오지현으로 불리다가 고려 때부터 조선 후기까지 영일현으로 불렸다. 영일과 연일은 혼용되어 사용되었다. 지금은 포항제철이 들어선 영일군 바닷가 송정동에 대송정(大松亭)이라는 정자가 있었다. 바다와 송림이 어우러져 일출의 장소로도 그만이었을 테다. 이곳을 찾은 조선 세조 때 점필재 김종직(1431~1492)은 〈영일현 인빈당기(寅賓堂記)〉에서 다음과 같이 남겼다. "날이 저물어 이날은 자고 다음 날 이른 새벽에 대송정의 정자 위에 올라가 기둥에 기대서서 동녘을 바라보니 구름과 나무가 한 빛이라. 밝을락 말락 할 무렵 갑자기 붉은 빛이 수십 길 일어나더니 해가 하늘에 솟아올랐다. 나는 놀라 탄식해 말하기를 오늘의 이 장관은 참으로 고을 이름 영일과 부합하지 않는가."

연일지역에 해와 관련된 지명이 많다. 흰날재[白日峴], 광명리(光明里), 옥명리(玉明里), 중명리(中明里), 등명리(燈明里) 모두 이름에 해[日]가 들어 있다. 특히 이들 지명은 해가 솟을 때의 여명부터 중천을 지나 서산으로 질 때 등불처럼 약해지는 모습까지 순차적으로 지명에 내포되어 있어 특이하다.

영일땅 장기현

동해바다를 안고 있는 영일땅 장기현에는 이곳이 예부터 해돋이의 고장이었다는 증거가 많이 있다. 오늘날 호미곶이 있는 지역까지 이전에는 장기현이었다. 장기의 신라시대 때 지명은 지답현(只畓縣)이었다. 여기서 '답(畓)'자는 '물이 끓어넘친다'라는 뜻이다. 즉 해 뜨기 전

호미곶

에 바닷물이 붉게 타오르는 것을 바닷물이 끓어오른다고 하여 지답이라 이름을 붙였다. 그러니까 지명에 일출이 묘사된 셈이다.

예부터 바다와 육지를 연결하는 교통의 요충지 역할을 해 온 장기는 신라 때 중요한 군사기지로 자리했다. 이곳에 국가사적 제386호로 지정된 '장기읍성'이 있다. 장기의 진산(鎭山)이라고 하는 해발 252m인 동악산에 이어져 있는 장기읍성은 고려 현종 2년(1011년) 여진족의 해안 침입에 대비해 지어진 토성이었다가, 조선 세종 21년(1439년) 왜구를 경계하고자 석성으로 다시 쌓았다고 한다. 둘레 1,440m의 타원형으로 우리나라에서는 유일하게 성문이 세 개인데 동, 서, 북 3개의 성문과 문을 보호하기 위해 쌓은 옹성이 있다. 다른 읍성과 달리 산 위에 축조되다 보니 동해바다가 한눈에 들어오는 풍광이 뛰어나다. 특

장기읍성길

히 동문은 동해바다에서 떠오르는 태양을 맞이하기에 그만인 장소였다 한다. 동문에는 조해루(朝海樓)라는 누각이 있었다. 누각은 아쉽게

배일대. 장기읍성 동문 조해루의 일부로 여겨지는 바윗돌로 '태양을 숭배한다'라는 의미가 새겨져 있다. (사진=이상준)

도 소실되었지만 조해루의 일부라 추정되는 바윗돌이 발견되었는데 돌에는 '배일대(拜日臺)'라고 새겨져 있다. 태양을 숭배한다는 뜻이 되겠다.

예전부터 장기에서는 정월 초하루가 되면 해뜨기 전 장기 현감이 조해루에 올라 임금이 계시는 북쪽으로 4번 절을 하고 천지신명께 임금의 만수무강을 빌고 보국안민을 기원했다. 이곳은 현감과 그 수반관리 외에는 출입을 금할 만큼 신성시하였다고 한다.

명사들의 일출 기록

육당 최남선은 조선에 관한 상식을 널리 알리기 위해 문답형식으로 쓴 책 〈조선상식문답(1946년)〉에서 조선10경으로 '장기일출'을 꼽을 만큼 옛 영일지역 장기의 일출은 유명했다.

최남선 조선10경가 중 '장기일출'

이 어둠 이 추위를 / 더 견디지 못할세라
만물이 고개 들어 / 동해 동해 바라볼 제
백령(百靈)이 불을 물고 / 홍일륜(紅一輪)을 떠받더러
나날이 조선 뜻을 / 새롭힐사 장기 일출

옛 선조들은 동해바다의 일출을 보고 시를 지어 남겼으니 영일땅의 해돋이 문화를 그분들의 문학에서 찾아볼 수 있다는 것은 소중한 일이다.

조선조 유학자로 동방5현에 드는 회재 이언적 선생(1491~1553)은 장기와 관련된 시를 몇 수 남겼는데 장기읍성에서 일출을 본 후 떠오르는 해를 '처음 본 금동이'라 묘사하였다.

長鬐東軒 장기동헌

千峰疊疊擁孤城 천봉우리 겹겹이 외로운 성 에우고
一面蒼茫眼界明 한 면은 아득하게 눈앞이 탁 트였네.
玉漏未聞傳闕魏 물시계 소리 대궐에서 전해 듣지 못했는데
金盆初見踊滄溟 처음 본 금동이 푸른 바다에서 솟구치네.[1]

〈장기읍지〉에 실린 조선 초기의 문신 마천 홍일동(1412~1464)의 시에도 동해바다의 일출을 발견할 수 있다.

高軒壓海倚山城 높이 솟은 누각은 바다를 누르고 산성에 의지해 있는데
倦客憑欄眼轉明 난간에 기대선 지친 나그네 눈앞이 문득 밝아지누나
雨霽晴嵐橫北嶽 비 개인 후 맑은 아지랑이 북쪽 산허리에 비껴 있고
雲開旭日湧東溟 구름이 열리매 아침 해가 동해에 솟네[2]

---

1 번역 : 신일권
2 이상준, 《장기고을 장기사람 이야기》, 장기발전연구회, 2006, 340쪽

한양에서 멀리 떨어진 장기는 조선시대 유배지이기도 하였다. 유배당한 많은 사람이 장기를 찾았다. 비록 유배의 몸이었으나 장기에서 바라본 일출은 가히 장관이었고 그들의 신세를 더욱 실감하게도 했을 것이다. 장기에 유배 간 대표적 인물인 다산 정약용 또한 장기읍성 동문에서 일출을 보고 시를 남겼다.

東門觀日出 장기 동문에서 해 뜨는 것을 구경하며

天孫織出紅錦帳   직녀성이 붉은 비단 장막을 짜 만들어
掛之碧海靑天上   동해바다 푸른 하늘 위에다가 걸어놨네
赤光照水魚龍盪   물에 비친 붉은 빛에 어룡이 움직이고
萬族齊首盡東嚮   뭇 족속들 일제히 동으로 머리 돌리리
金鉤一閃波細漾   금고리가 번득이며 잔물결이 일더니만
銅鉦畢吐塵無障   태양이 불끈 솟고 먼지 하나 없네그려
宛轉上天人共仰   하늘 높이 솟는 모습 만인이 우러러보고
碧霞漸散歸峯嶂   노을은 점점점 산을 찾아 흩어져 가네
初如御駕出宮輿衛壯   처음에는 장엄한 어가 호위 같더니만
終如御駕上殿收儀仗   마지막엔 어가 호위 해산한 것과 같아
小臣憶昔心惻愴   그 옛날을 생각하니 소신 마음이 슬퍼지네[3]

한편, 청하면에도 해돋이[日出]를 노래한 옛 선비들의 정취를 발견할 수 있다. 1623년, 인조반정에 연루되어 청하로 유배당한 부제학 유숙(1564~1636)은 『취흘집(醉吃集)』에 청하면 조경대에서 노래한 〈아

---

3 이상준, 《장기고을 장기사람 이야기》, 장기발전연구회, 2006, 344쪽.

침 해를 본다[觀日出]라는 시를 남겼다.

觀日出 〈아침 해를 본다〉[4]

謫此東隅豈偶然 동쪽의 끄트머리 이곳에 유배 옴이 어찌 우연이랴

要看形勝鏡臺前 조경대 앞 뛰어난 풍광 보기 위해서지

龍噓靄暈橫滄海 용이 구름을 내뿜어 푸른 바다 가로지르고

鼇戴金盤送碧天 자라는 금쟁반 이고서 푸른 하늘을 보내누나

暘谷眼中知不遠 양곡[5]은 눈앞에서 그리 멀지 않음을 알겠는데

長安日下在何邊 임금님 그리는 나는 지금 어느 곳에 있는가

覆盆無賴明光照 누명쓰고 의지할 곳 없음에도 밝은 빛은 비추니[6]

只費登臨慰暮年 다만 조경대에 올라 저무는 한 해를 달래 보려네

　조경대는 '거울같이 맑고 아름다운 바다를 보는 언덕'이라는 뜻으로 조경대(照鏡臺)라고도 적고, '고래 낚시를 구경하는 언덕'이라는 뜻으로 조경대(釣鯨臺)라고도 적는다.[7] 현재 이가리 바닷길 따라 솔숲이 발달해 있는 곳이다. 조경대에서 바라보는 동해는 매우 아름답다. 유숙은 청하에 유배된 동안 많은 시를 남겼다. 청하 이가리를 중심으로

---

4 신상구, 《치유의 숲》, 인문과 교양, 2020, 253쪽.
5 양곡(暘谷) : 신화·전설 속의 해가 처음 돋는 골짜기라는 뜻
6 같은 책에서는 '분을 엎어 본들 부질없이 햇살 밝게 비치니'로 번역되어 있는 것을 풀어서 재번역했다.
7 같은 책 246쪽.

칠포 바닷가 사람들이 고래를 잡는 모습과 고래가 뛰어노는 모습, 그러한 모습들에 배경이 된 거울같이 맑은 동해바다의 풍광을 시로써 보여주고 있다.

축제로서의 해돋이 문화

1999년 12월 31일. 이제 불과 몇 시간 후 떠오를 2000년의 새로운 태양을 맞으러 수많은 군중이 모였다. 날마다 떠오르는 태양이지만 그래도 태양은 새로 시작하는 상징과 같은 존재이고 호미곶에 모인 저마다의 소원을 담아 정신을 한곳에 모으는 계기를 마련하게 한다. 한반도 내륙의 최동단 호미곶에서는 매년 해맞이 축제가 열린다. 이름하여 영일만 호미곶 한민족해맞이축전. 해맞이광장을 갖춘 본격적인 해돋이 관광축제이다.

포항시 남구 동해면에는 일월사당(日月祠堂)이 있다. 일월지에 있

호미곶 해맞이광장에서 새해 처음 떠오르는 해를 맞이하는 시민들. (사진=안성용)

던 천제단이 일제에 의해 파괴된 후 1985년 위치를 옮겨 복원하였다. 격년마다 10월 이곳에서 태양신에게 제사 지내는 것을 시작으로 일월 문화제가 열린다. 그 기원을 신라 이전의 제사 의식으로 거슬러 올라 간다면 일월문화제는 수천 년이 넘는 역사를 가진 제례의식이다. 가히 영일만의 도시 영일땅이다.

유배문화로 보는 동해

이상준(향토사학자)

유배(流配)는 죄인을 멀리 귀양 보낸다는 뜻이다. '귀양'에 대해서는 고려사 형법지(刑法志)에서 그 어원을 찾아볼 수 있다. 즉 관리로서 재물을 받아 법을 어긴 사람은 그 직전(職田)을 회수하고 고향으로 되돌려 보낸다는 조항이다. 귀양의 어원이 '귀향(歸鄕)'에서 비롯되었다는 것을 입증하는 셈이다.

이처럼 귀양은 처음에는 고향으로 돌아가 한동안 그곳을 벗어날 수 없도록 하는 형벌의 한 가지로 쓰이다가, 후에 먼 섬이나 시골 등으로 보내어 일정 기간 제한된 지역 안에서만 살게 하는 유배(流配), 도배(徒配), 정배(定配), 안치(安置) 등의 용어로 변용되었다.

유배는 삼국시대부터 조선 시대까지 존재했다. 조선 시대 유배 형기는 원칙적으로 종신형이었다. 정치범으로 단죄된 유배자는 임금의 사면이나 권력의 변화, 정세의 변동이 없는 한 대부분 유배지에서 풀려날 수가 없었다. 민족 고유의 정서와 감성을 토대로 한 동국진체를 완성한 원교 이광사(1705~1777)는 무려 23년이란 세월을 유배지에서 보내다가 끝내 유배지에서 천형의 삶을 마감한 경우다. 이보다 200여 년 전, '덕과 예로 다스리는 정치'를 꿈꾼 정암 조광조(1482-1519)의 유배와 죽음은 더욱더 극적이다. 중종 14년(1519년) 11월, 정암은 37세의 젊은 나이에 능주에 유배되었다가 유배된 지 불과 35일 만에 사약을 받고 죽었다.

하지만 조선 시대에 벼슬을 한 사람 중 역사책에 이름 석 자 올린 인물치고 귀양살이 한번 해보지 않은 이가 별로 없다. 아닌 게 아니라 조선왕조실록에 한 번이라도 이름이 오른 인물치고 삭탈관작(削奪官爵) 당하고 한양 바닥을 떠나본 적이 없는 이는 찾아보기 어렵다. 유배라는 형벌이 원래 정치적 박해에서 비롯된 것이기 때문일 것이다.

정치적 이유로 죄인이란 누명을 뒤집어쓰고 천애원지(天涯遠地)로 유배를 간 사람들에게는 그 죄를 강요한 권력이 부당한 경우가 더 많았을 것이다. 그래서 많은 사람이 유배지에서 남다른 감회를 느끼고, 억울함을 글로 쓰고 시대적 상황을 되새기곤 했다. 이런 음영들은 때로는 인생의 격랑을 헤치고 나가려는 사람들에게 새로운 감동과 교훈을 줄 수가 있다.

이렇듯 유배는 단순한 형벌이 아니었기에 유배인들이 머물다 간 자리에는 역사와 문화, 그리고 극적인 이야기가 남아있다. 비록 그 유배지는 한 선비에게는 말 못할 고통의 장소였겠지만 또 다른 측면에서 보면 문학의 산실이자 더 높은 문화의 보급 장소이기도 했다.

특히 이들이 남긴 유배문학은 유배지에서 겪은 체험과 정신적 충격을 문학화한 것이기에 주목할 필요가 있다. 문학성도 빼어날 뿐 아니라 그 속에는 역사적인 사실들, 옛사람들의 사고방식과 지혜, 민중들의 애환과 염원들이 담겨있다.

고대소설의 백미로 꼽히는 김만중의 구운몽은 작가가 함경도 선천에 유배되었을 때 나왔고, 사씨남정기는 선천에서 돌아온 이듬해 또다시 경남 남해에 유배되었을 때 쓴 것이다. 조선 후기를 대표하는 시인 남구만도 남해 유배 시절 많은 작품을 남겼다. 정약전의 자산어보 역시 유배지인 흑산도에서 탄생했다. 추사 김정희도 마찬가지였다. 그는 제주도 유배 시절 주옥같은 산문들과 오늘날 국보로 지정된 그림 세한도를 남겼다. 어디 이뿐인가? 고산 윤선도(1587-1671)는 보길도 세연정에서 어부사시사 등 우리나라 국문학의 금자탑이 될 만한 시를 남겼으며, 송강 정철(1536-1593) 역시 유배지에서 가사문학의 최고봉이라고 할 수 있는 사미인곡을 남겼다.

경상도 동해안 지역인 장기, 영일, 흥해, 청하, 영덕 지역은 경성에서 '유 3천리' 빈해(瀕海) 지역에 해당하는 곳이었기에 조선 내내 유배지로 자주 활용되었다. 특히 경상도 장기에 유배를 간 사람의 숫자는 대략 220여 명이다. 이는 단일 현(縣) 지역 유배인 수로는 국내에서 제일 많다.

장기현에는 우암 송시열과 다산 정약용을 위시하여 조선 초부터 조선말까지 220여 명의 관리와 그 연좌인들이 유배를 갔다. 대표적인 경우로 조선초기 문하시중이었던 설장수는 정몽주가 살해될 때 그 일파라는 탄핵을 받아 파직당하고 장기로 유배되었다. 형조정랑을 지내던 이승조는 이무의 옥사에 연루되어 장기로 갔고, 강상인의 옥사에 연루된 이원강이란 사람도 장기로 갔다. 대사헌이었던 홍여방은 아전을 불법으로 책문하였다는 이유로, 판관 최윤복은 관청 안에 있는 노루 사슴 가죽을 상납했다는 혐의로 유배를 갔다. 단종복위운동에 가담한 박팽년의 인척(4촌)인 박용이와 박사평 등이 연좌되어 가기도 했고, 이 시애의 난에 연루된 사람들의 처첩들이 부지기수 장기로 가서 관노가 되었다. 남이의 옥사에 연루된 조경치·이중순의 가족들, 그리고 강순의 아우 강선도도 장기로 간 유배인들이다. 대사간이었던 양희지는 무오사화 때 화를 입고 서북도에 안치된 조위 등의 양이(量移)를 요청하는 상소를 올렸다가 탄핵을 받고 장기로 유배를 갔다. 영의정이었던 김수흥은 기사환국 때 화를 입고, 대사헌 신사철은 신임사화 때 화를 입고 각각 장기에 유배되었다. 그 외에도 박상검의 옥사, 이인좌의 난, 양찬규의 옥사, 이색·이염의 모반사건, 나주괘서사건, 임오화변, 최익남의 옥사, 정유역변, 구선복의 옥사, 신유사옥, 홍경래의 난 등에 연루된 사람들의 가족들, 호조참판 정술조와 대사간 류선양·송영 등도 유배로 장기와 인연을 맺은 사람들이다.

영일현에는 태종 17년(1417) 1월 11일 전라도 도절제사(全羅道都

포항 장기면 다산 정약용의 배소

節制使)를 지낸 조원(趙源)이 유배를 갔다. 그가 영일현에 유배당한 이유는 호군 한방지(韓方至)를 모함하였기 때문이다. 그는 1년 넘게 영일현에서 유배 생활을 하다가 태종 18년(1418) 5월 23일 직첩(職牒)을 되돌려 받고 다시 관직에 나아갈 수 있었다.

세종대에는 조서로(趙瑞老)와 이시애(李施愛)의 난에 가담한 정평인(定平人) 정혜(鄭惠)의 아내 가이(加伊)가 영일현의 계집종(婢)으로 영속되었다. 조서로는 조선 개국공신 2등에 책록되고 부흥군(復興君)에 봉해진 조반(趙胖)의 아들이다. 조서로는 세종 5년(1423) 10월 8일 지신사(知申事)로 있으면서 전 관찰사 이귀산의 아내 유씨와 간통하다 들켜 영일현으로 유배를 당했다. 지신사란 조선 시대 초기 대언사(代言司)의 으뜸 벼슬로 정3품(正三品)이었다. 이런 연유로 영일현에 유배당한 조서로는 단종 2년(1454) 2월 28일에야 유배가 풀려 고신(告身:관원에게 품계와 관직을 임명할 때 주는 임명장)을 되돌려 받고 관직에 나아가게 되었다.

광해군 대에는 이조판서를 지낸 성영(成泳:1547~1623)이 영일에 유배되어 7년간 머물다가 유배에서 풀려나지 못하고 여기서 죽는 일도 있었다. 성영은 선조 후반에 소북(小北)의 영수 유영경(柳永慶)의 측근으로 활약하면서 병조판서·이조판서 등 요직을 지냈다. 선조 때 청백리(淸白吏)에 녹선되기도 했으나, 1608년 광해군이 즉위하자 정인홍(鄭仁弘) 등 대북세력의 모함으로 관직을 삭탈당하고 문외출송(門外黜送)되었다. 이후에도 계속된 대북 일파의 탄핵 상소에 시달리다가 광해 8년(1616)) 11월 21일 인목대비의 아버지인 김제남(金悌男)의 일파로 몰려 영창대군을 세자로 옹립하려 하였다는 누명을 뒤집어

쓰고 영일현으로 귀양을 왔다. 성영은 그때부터 유배에서 풀려나지 못하고 광해 15년(1623) 1월 15일 영일의 유배지에서 죽은 것이다.

인조 대에는 정호서(丁好恕)가 영일로 유배를 갔다. 1627년 정묘호란이 발발했을 때에 황해도 병마절도사로 있으면서 싸우지 않고 황주(黃州)를 포기하는 등 전세를 불리하게 했다는 죄였다. 인조 5년(1627) 2월 16일 정호서가 영일로 유배되는 것으로 결정되자 황주의 백성들이 상소하여 신원하였지만, 임금이 허락하지 않았다. 그는 인조 16년(1638) 다시 복직되어 태안군수, 동래부사 등의 요직을 두루 거쳤다.

숙종 대에는 권대운(權大運:1612~1699)이 유배를 당해 영일현과 인연을 맺었다. 권대운은 대사간(大司諫)·함경도관찰사를 지내고 1670년 호조판서에 올랐으며 이듬해 동지사(冬至使)로 청나라에 다녀왔다. 이어 형조판서·의금부판사를 지내고 1674년 숙종이 즉위하자 예조판서·병조판서를 거쳐 우의정으로 승진하였다. 당대 남인의 중심적 인물로 처신하다가 1680년(숙종 6) 경신대출척(庚申大黜陟)으로 남인이 실각하고 서인이 득세하자 파직당하고 영일(迎日)에 위리안치(圍籬安置)되었다. 1683년(숙종 9) 11월 18일에 왕의 배려로 위리(圍籬)만 철거된 채 영일현에서 유배 생활을 계속하다가 귀양살이 5년째인 1685년(숙종 11) 7월 4일에 우의정 정재숭(鄭載嵩) 등의 건의로 임금이 양이(量移:귀양살이하는 죄인의 배소(配所)를 가까운 곳으로 옮겨 주는 것)할 것을 명하였다. 그러나 반대파인 영의정 김수항이 이의를 제기하는 바람에, 1686년 윤사월 1일 집 근처로 양이 되었던 그가 다시 영일의 배소로 되돌아가게 된다. 이는 당시 조정대신들 사이에서도 많은 갈등을 보인 사건이었다.『조선왕조실록』에는 권대운이 영일의 배소로 되돌아가는 과정에서 압송을 담당한 의금부 도사 최경중(崔敬中)이 압송을 임의로 지연시켰다는 이유로 파직되는 내용이 보이기도 한다. 그 뒤 1689년에 기사환국으로 남인이 재집권하자 권대운은 곧바로 다시 등용되어 영의정에 올랐다. 이때 그는 숙적으로 유배 중이던 서인의 영수 송시열(宋時烈)을 죽이도록 했다.

흥해군에는 백사 이항복이 1617년 인목대비 폐모론에 반대하다가 1618년 관직이 삭탈되며 유배를 갔고, 형조판서 등을 지낸 민유중(閔維重)이 남인(南人) 정권에 밀려 유배를 갔다.

영덕에도 50여 명이 각종 사화와 당쟁에 휘말려 거쳐 갔다. 대표적 인물은 고려 때 예문관 대제학을 지낸 윤신걸, 신돈의 전횡을 비판한 신현, 정도전과 남은 등에 대한 권력 집중을 비판한 변중량, 단종 3년에 세조에 의해 관노가 된 김처선, 병자호란 당시 왕을 호종하지 않았다 하여 1638년 영덕에 유배된 윤선도 등을 꼽을 수가 있다.

이들이 지역에 남긴 문학 작품들은 이곳에서 보고, 듣고, 느끼고, 겪은 것을 주제로 한 기행문학적 성격을 띠고 있는 글들도 상당수 있으

포항 장기면 우암 송시열의 배소

므로 당시의 실상과 생활사를 연구하기에 더없이 좋은 지역 사료(史料)가 되는 예도 있다.

퇴당 유명천이 쓴 '오천록'은 17세기까지 존재하던 영일현의 빼어난 10가지 정경을 묘사해 둔 것이다. 퇴당이 남긴 영일 10경에 대한 글은 17세기 영일현의 형상들을 현대인들에게 알려 기억의 끈을 놓치 않게 하는 것이므로 의미가 더 깊다. 퇴당의 부인 한산 이씨(1659~1727)는『고행록』의 저술자이다. 그녀는 선조 때의 이름난 신하이자 영의정과 대제학을 지낸 이산해의 현손녀였다.

『고행록』에는 그녀가 시집온 1676년부터 별세한 1727년까지 50여 년간 남편 유명천과 같이 겪은 유배 생활의 어려움과 가정에 겹치는 우환을 유려한 궁체로 기록하였다.

우암 송시열은 대략 222제 297수의 시를 유배지 장기현에서 창작

망향정

했다. 주자대전 차의와 정서분류는 장기 유배기간 동안에 그가 저술한 대표적인 학술서이다. 이것 외에도 그는 장기에서 문충공포은선생신 도비문과 전 장기현감 이수일의 묘갈명을 지었다.

장기현으로 유배된 퇴우당 김수흥은 자신의 문집 『퇴우당집』에 장기에서 쓴 여러 편의 시들을 봉산잡기편에 수록해 두었다.

장기현으로 유배당한 다산 정약용은 유배지의 한을 결코 좌절과 절망으로 삭이거나 실패로 끝내지 않았다. 개인적으로 가장 불행했던 역경을 불굴의 투지로 극복하며 학문연구와 시작에 전념했다. 효종이 죽은 해에 임금의 복상문제로 일어난 서인과 남인의 예론(禮論) 시비를 가린 기해방례변, 한자 발달사에 관한 저술인 삼창고훈, 한자 자전류인 이아술 6권, 불쌍한 농어민의 질병 치료에 도움을 준 촌병혹치 등을 저술했는가 하면, 대략 180여 수의 시를 유배지 장기에서 창작했다.

사라진 것들도 기억에서 사라지지만 않으면 언젠가 그 기억을 복원

포항 장기면 유배 체험 조형물

할 수 있다. 아름다운 산수를 그린 그림을 읽으면 그곳에 가서 놀고 싶은 마음이 들고, 지금 이미 사라진 곳이라면 다시 살려보고 싶은 마음이 생길 것이다. 사람들이 남긴 글과 흔적은 그래서 중요하다. 다산의 장기 관련 시들을 읽고 있노라면 다산이 겪었던 통한의 삶과 민초들의 애환을 오롯이 엿볼 수 있다. 유배문화의 연구와 스토리텔링은 그래서 필요하다.

경상도 동해안에 남겨진 유배문화는 이곳에 속한 시·군들이 '역사·문화의 도시'로 거듭나는 데 꼭 필요한 자산이다. 유배문화에 관한 종합적인 지휘부와 공간들을 만들어 지속적인 연구와 관심을 기울여 전문공간, 체험공간, 문화공간으로 승화시켜나가야 할 것이다.